社交媒体虚假信息检测基础及模型

徐凡 黄琪 著

科学出版社

北京

内 容 简 介

社交媒体虚假信息自动检测研究受到了计算语言学界和产业界的广泛关注,并逐步成为研究热点。本书基于自然语言处理视角,结合机器学习、神经网络、语料库语言学等相关技术,以作者的一系列研究成果为内容主线,系统介绍了社交媒体虚假信息检测的基础和模型。全书分为基础篇和模型篇,共8章。在基础篇中,作者首先给出虚假信息的定义及分类,接着从统计学习和深度学习两个方面介绍虚假信息检测依赖的相关技术。在模型篇中,作者全面探索了社交媒体虚假信息检测在语义、知识、传播、用户和多元信息融合5个方面的计算模型,最后对社交媒体虚假信息检测进行了深度展望。本书对社交媒体虚假信息检测的关键技术进行了深入的研究,提出了相关问题的一些解决方法,并设计了相应的算法和实验。实验表明,本书提出的这些方法有助于提高社交媒体虚假信息检测的分析性能,同时减少对大规模语料库的依赖性,为今后的社交媒体虚假信息检测研究奠定了一个重要基础,为同类研究提供了一个参考。

本书可作为从事自然语言处理、计算语言学、数据挖掘研究的科研、管理等相关人员的参考用书,也可供高等院校语言学、智能科学与技术、管理科学与工程等教育类、信息类和管理类相关研究生及本科生使用。

图书在版编目(CIP)数据

社交媒体虚假信息检测基础及模型 / 徐凡,黄琪著. —北京:科学出版社,2022.10
ISBN 978-7-03-072713-8

Ⅰ. ①社… Ⅱ. ①徐… ②黄… Ⅲ. ①互联网—传播媒介—信息—自动检测—研究 Ⅳ. ①G206.2②TP274

中国版本图书馆 CIP 数据核字(2022)第 119856 号

责任编辑:阚 瑞 / 责任校对:张小霞
责任印制:赵 博 / 封面设计:蓝正设计

科学出版社 出版
北京东黄城根北街 16 号
邮政编码:100717
http://www.sciencep.com

北京虎彩文化传播有限公司印刷
科学出版社发行 各地新华书店经销

*

2022 年 10 月第 一 版 开本:720×1000 1/16
2024 年 3 月第二次印刷 印张:9
字数:180 000

定价:**98.00 元**
(如有印装质量问题,我社负责调换)

作者简介

徐凡，男，2013 年获苏州大学工学博士学位，江西师范大学教授(校聘)，硕士生导师，江西省自然科学基金-杰出青年基金项目获得者；中国计算机学会语音对话与听觉专业委员会委员，中国中文信息学会语言与知识计算专业委员会委员，中国中文信息学会青年工作委员会委员。2018 年 12 月至 2019 年 12 月在美国 University of Central Arkansas 做访问学者。具有 6 年面向欧美客户的项目管理和软件研发经验；主持国家自然科学基金 3 项，主持省级课题 7 项；出版学术专著 2 部；授权发明专利 5 项，软件著作权登记 8 项；发表 SCI/EI 等论文 40 余篇(含《ACM Computing Surveys》《KBS》《ACM TALLIP》《中国科学》《软件学报》及 COLING、LREC 等顶级/权威期刊和会议)；获得 ICCEAI 2022 国际会议最佳论文奖；担任国际期刊《Medical Data Mining》青年编委；协助指导研究生获江西省优秀硕士论文，指导研究生获省级创新专项资金项目及相关大赛奖项，指导本科生获校级"百优"毕业论文；担任国家自然科学基金函评专家；担任权威期刊《计算机学报》《软件学报》《中文信息学报》《声学学报》《Artificial Intelligence Review》《ACM TALLIP》及重要会议 IJCAI、EMNLP、LREC 等常驻审稿专家。

黄琪，男，2020 年获中国科学院信息工程研究所计算机软件与理论专业博士学位，江西师范大学讲师，硕士生导师，中国中文信息学会青年工作委员会委员。曾在 IJCNN 及《Neural Computing and Applications》等国际重要人工智能学术会议或期刊上发表论文 5 篇，获得专利 1 项，参与专利多项。作为项目主要成员曾参与多个部委级项目如社交媒体数据获取、舆情分析系统的研发，具有丰富的社交数据获取开发经验和较强的实际研发能力。目前主要从事谣言检测、图神经网络、社交网络分析、情感分析、关系抽取等自然语言处理领域的研究工作。

前　言

社交媒体已成为人们快速获取信息的一种主流平台，给人们的日常生活带来了极大的便利。同时，人们也能够以极低的成本在互联网中发布推特和微博等多种形式的海量社交媒体数据。这些社交媒体信息也成为滋生虚假信息的温床。互联网中散布的大量虚假信息不仅加剧社会恐慌和引发社会信任危机，而且会损害国家形象和扭曲人们的意识形态，给人们日常工作和生活带来显著的负面影响。因此，社交媒体虚假信息自动检测研究具有重要的现实意义。本书围绕虚假信息的定义及分类、虚假信息检测依赖的相关技术、社交媒体虚假信息检测多方面的计算模型进行了详细阐述，同时对社交媒体虚假信息检测进行了深度展望。

本书作者从 2010 年开展相关的研究，主要开展过篇章分析、语言变体(方言)分析、语料库语言学、虚假信息检测等方面的研究。本书作者受国家自然科学基金《多模态社交媒体虚假信息检测研究》(项目编号：62162031)，国家自然科学基金《赣方言篇章平行语料库构建及计算模型研究》(项目编号：61772246)和江西省自然科学基金青年重点项目《基于众包机制的多模态客家方言资源建设及语音处理模型研究》(项目编号：20192ACBL21030)资助，取得了一系列阶段性研究成果。

本书分为基础篇和模型篇。其中，基础篇主要介绍了社交媒体虚假信息检测概述和相关技术，模型篇主要介绍融合语义的虚假信息检测模型、融合知识的虚假信息检测模型、融合传播的虚假信息检测模型、融合用户的虚假信息检测模型、多元信息融合的虚假信息检测模型。最后对社交媒体虚假信息检测进行了深度展望。

本书作者徐凡编写内容包含第 1 章、第 2 章、第 3.1 节、第 3.2 节、第 3.4 节、第 4 章、第 8 章、附录 A 和附录 B；作者黄琪编写内容包含第 3.3 节、第 5 章、第 6 章和第 7 章，全书由徐凡负责统稿。感谢参与以上项目的课题组成员，他们分别是硕士研究生陈开阳、李明昊、傅品赟、曾蕾等。

徐　凡
2021 年 12 月

目 录

前言

第一篇 基 础 篇

第1章 社交媒体虚假信息检测概述 ················ 3
1.1 引言 ················ 3
1.2 社交媒体概述 ················ 3
1.3 虚假信息概述 ················ 4
 1.3.1 背景 ················ 4
 1.3.2 术语定义 ················ 4
1.4 虚假信息检测计算模型综述 ················ 6
 1.4.1 传统机器学习模型 ················ 6
 1.4.2 深度学习模型 ················ 8
1.5 评测指标 ················ 10
1.6 本章小结 ················ 10
参考文献 ················ 11

第2章 相关技术 ················ 16
2.1 引言 ················ 16
2.2 传统机器学习模型 ················ 16
 2.2.1 支持向量机 ················ 16
 2.2.2 互信息和点互信息 ················ 18
 2.2.3 决策树 ················ 19
 2.2.4 主题模型 ················ 20
 2.2.5 词频-逆文档频率 ················ 20
2.3 深度学习技术 ················ 21
 2.3.1 词向量 ················ 21
 2.3.2 word2vec 和 GLOVE 模型 ················ 22
 2.3.3 循环神经网络 ················ 23
 2.3.4 卷积神经网络 ················ 24
 2.3.5 BERT 模型 ················ 25

2.3.6　对抗生成网络 ……………………………………………………… 26
2.3.7　图神经网络 …………………………………………………………… 26
2.4　本章小结 ……………………………………………………………………… 27
参考文献 …………………………………………………………………………… 27

第二篇　模　型　篇

第3章　融合语义的虚假信息检测模型 ……………………………………………… 31
3.1　引言 …………………………………………………………………………… 31
3.2　基于主题的谣言检测模型 …………………………………………………… 31
3.2.1　背景 …………………………………………………………………… 31
3.2.2　算法模型 ……………………………………………………………… 32
3.2.3　实验分析 ……………………………………………………………… 33
3.3　基于全局语义信息的谣言检测模型 ………………………………………… 44
3.3.1　背景 …………………………………………………………………… 44
3.3.2　算法模型 ……………………………………………………………… 46
3.3.3　实验分析 ……………………………………………………………… 51
3.4　本章小结 ……………………………………………………………………… 56
参考文献 …………………………………………………………………………… 57

第4章　融合知识的虚假信息检测模型 ……………………………………………… 60
4.1　引言 …………………………………………………………………………… 60
4.2　基于世界知识的虚假新闻检测模型 ………………………………………… 60
4.2.1　背景 …………………………………………………………………… 60
4.2.2　算法模型 ……………………………………………………………… 61
4.2.3　实验分析 ……………………………………………………………… 63
4.3　基于语言知识的虚假新闻检测模型 ………………………………………… 66
4.3.1　背景 …………………………………………………………………… 66
4.3.2　算法模型 ……………………………………………………………… 67
4.3.3　实验分析 ……………………………………………………………… 73
4.4　本章小结 ……………………………………………………………………… 77
参考文献 …………………………………………………………………………… 78

第5章　融合传播的虚假信息检测模型 ……………………………………………… 80
5.1　引言 …………………………………………………………………………… 80
5.2　基于时空结构的谣言检测模型 ……………………………………………… 81
5.2.1　背景 …………………………………………………………………… 81

		5.2.2 算法模型	82
		5.2.3 实验分析	87
	5.3	本章小结	93
	参考文献		93
第6章	融合用户的虚假信息检测模型		95
	6.1	引言	95
	6.2	基于用户行为的谣言检测模型	96
		6.2.1 背景	96
		6.2.2 算法模型	97
		6.2.3 实验分析	102
	6.3	本章小结	106
	参考文献		106
第7章	多元信息融合的虚假信息检测模型		110
	7.1	引言	110
	7.2	基于多元信息融合和推理的虚假新闻检测模型	110
		7.2.1 背景	110
		7.2.2 算法模型	112
		7.2.3 实验分析	117
	7.3	本章小结	121
	参考文献		121
第8章	总结与展望		125
	8.1	本书总结	125
	8.2	未来展望	125
		8.2.1 多模态虚假信息检测	125
		8.2.2 多元信息融合检测	126
		8.2.3 虚假信息早期检测	126
	8.3	结束语	126
附录A	虚假信息检测常用数据集资源		127
附录B	虚假信息检测开源代码资源		129

第一篇 基 础 篇

第1章 社交媒体虚假信息检测概述

1.1 引　言

本章首先介绍社交媒体虚假信息检测的相关概念，然后针对国内外该领域有代表性计算模型进行综述，最后介绍常用的算法性能评测指标。

1.2 社交媒体概述

社交媒体指互联网上基于用户关系的内容生产与交换平台。社交媒体是人们彼此之间用来分享意见、见解、经验和观点的工具和平台，现阶段主要包括社交网站、微博、微信、博客、论坛、博客等①。社交媒体打破了现实世界与虚拟世界之间的界限，同时也提供了从海量数据中挖掘人类行为模式，进而对人类个体进行全面剖析和理解[1]的机遇。

当前，人们已进入自媒体和微信息时代，正所谓"人人都有麦克风、时时刻刻都发言"。随着互联网和移动互联网技术的高速发展和普及，社交媒体已经成为重要的信息集散地和人们获取信息的重要渠道。社交媒体已成为人们快速寻找信息和获取新闻的一种主流平台。如在推特上的月活跃用户多达 4 亿人次，且在推特上过去两年的时间里月活跃用户一直呈增长趋势。而整个社交媒体上的月活跃用户多达 32 亿。根据国际数据公司发布的《数据时代 2025》报告②，全球每年产生的互联网数据将从 2018 年的 33 zeta byte(泽字节)增长到 175 zeta byte。据统计，推特用户每天要发送 5 亿条信息③。由此可见，人们在互联网中发布了海量的社交媒体数据。

---

① https://baike.baidu.com/item/%E7%A4%BE%E4%BA%A4%E5%AA%92%E4%BD%93/1085698

② https://www.seagate.com/files/www-content/our-story/trends/files/data-age-2025-white-paper-simplified-chinese.pdf

③ http://m.ceconlinebbs.com/ARTICLE/8800099425/

1.3 虚假信息概述

1.3.1 背景

很显然，人们能够以极低的成本在互联网中发布包括新闻、推特、微博等多种形式的社交媒体数据。然而，这些海量信息也成为滋生虚假信息的温床。虚假信息是指故意传播的虚假或不准确的信息，从而达到误导或欺骗他人的目的[2]。互联网中散布的大量虚假信息不仅加剧社会恐慌和引发社会信任危机，而且会损害国家形象和扭曲人们的意识形态，给人们日常工作和生活带来显著的负面影响。路透社发布了 2019 年最新数字新闻报告[3]，其提到在采样的 38 个国家中，各国人民对互联网中信息的真假仍然表现出不同程度的担忧，其中巴西人民怀疑假信息率高达 85%，南非达 70%，墨西哥达 68%，法国达 67%。虽然德国和荷兰相对较低，但也分别各占 38%和 31%。由此可见，互联网中虚假信息的传播已经影响到人们的日常生活，有时甚至会直接或间接危害国家的利益。

正如美国著名作家马克·吐温所言：当真相还在穿鞋，谎言已经跑遍半个世界。这从侧面说明了谣言等虚假信息的散布是重大的社会和心理问题，同时也体现出辟谣的难度和滞后性。在社交媒体上，文字和图片类型的虚假新闻内容更新快、扩散速度快，传统的依赖于领域专家辟谣的一些检测平台(比如：Snopes①、Politifact②、Factcheck③)在时效性和覆盖度方面已经严重不足。因此，如何利用计算机技术设计高效准确的社交媒体虚假信息自动检测模型和平台成为亟须解决的问题。

1.3.2 术语定义

目前，学术上关于虚假信息这一概念并没有公认的定义，很多文献也没有区分虚假信息(disinformation)、误报信息(misinformation)、谣言(rumor)、恶作剧(hoax)和虚假新闻(fake news)等几个非常相近的概念。然而，清晰的定义有助于后续的语料库构建和计算模型研究。因此，本书从代表性文献角度来分析虚假信息及其密切相关的几个术语的定义、联系和区别。为清晰起见，表 1.1 列出了代表性文献关于虚假信息、误报信息、谣言、恶作剧和虚假新闻几个相近术语的解释，我们可以从信息的可靠性(authenticity)和意图性(intention)两个方面区分这些相近术

---

① https://www.snopes.com
② http://www.politifact.com
③ https://www.factcheck.org

语。根据表 1.1 的归纳，其中虚假信息、误报信息、恶作剧和虚假新闻均具有虚假的可靠性，而谣言的可靠性则未知；类似地，虚假信息、恶作剧和虚假新闻通常具有不好的意图性，而误报信息和谣言的意图性则未知。

表 1.1 代表性文献关于虚假信息等相近术语的定义

术语	定义
虚假信息	information that is deliberately of false [一种故意虚假的信息] (Hernon[4])
	false information that is spread to deceive [用于欺骗传播的虚假信息] (Kshetri 等[5])
	information's authenticity is false, and intention is bad [可靠性虚假且具有坏意图的信息] (Zhou 等[6])
误报信息	refer to circulating information that is accidentally false as a consequence of an honest mistake [由于偶尔失误带来的流通信息] (Hernon[4])
	simply incorrect information [简单的不正确信息] (Kshetri 等[5])
	information's authenticity is false, and intention is unknown [可靠性虚假且具有未知意图的信息] (Zhou 等[6])
谣言	both information's authenticity and intention is unknown [可靠性和意图均未知的信息] (Zhou 等[6])
	rumors can fall in either of misinformation or disinformation, depending on the intent out to be true [根据意图真实性，谣言可以被划分为误报信息或虚假信息]
	rumors are not necessarily false, but may turn out to be true, and intention is unknown [谣言不一定总是虚假的，也可以被证实为真实且意图未知的信息] (Zubiaga 等[7])
	unverified and instrumentally relevant information statements in circulation, and intention is unknown [未证实的且具有未知意图的流通信息] (DiFonzo 等[8])
恶作剧	always false and can be seen as specific types of disinformation; information's authenticity is false, and intention is bad [总是虚假的一种特殊的虚假信息，有虚假的可靠性和坏的意图性] (Zubiaga 等[7])
虚假新闻	a type of disinformation that is currently generated manually to our best knowledge; information's authenticity is false, and intention is bad [一种人为产生的虚假信息；有虚假的可靠性和坏的意图性] (Kshetri 等[5])
	fake news is intentionally and verifiably false news published by a news outlet [虚假新闻是一种由新闻机构故意发布且可被证实的虚假新闻] (Zhou 等[6])
	always false and can be seen as specific types of disinformation, and intention is bad [总是虚假的一种特定的虚假信息，其具有坏的意图] (Zubiaga 等[7])

图 1.1 更清晰地显示了这几个术语间的关系。其中，菱形判断中坏意图(bad intention)代表信息中是否包含有不好的意图；虚假新闻是一种特殊的恶作剧，也是虚假信息一种更具体的形式。

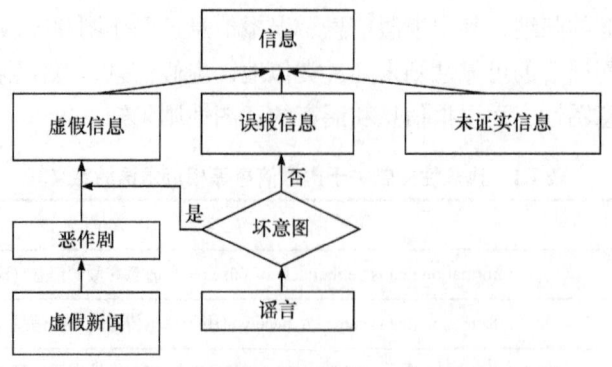

图 1.1 虚假信息相关术语间关系

1.4 虚假信息检测计算模型综述

本节将从传统机器学习和深度学习计算模型方面阐述虚假信息检测的国内外研究现状。

1.4.1 传统机器学习模型

虚假信息检测的传统机器学习方法主要包含三大类：基于特征工程的方法、基于传播路径的方法、基于图模型的方法。

1. 基于特征工程的方法

代表性的特征工程方法涉及的特征包含用户及情感特征、语义特征、外部知识特征 3 大类，具体如下。

1) 用户及情感特征

用户特征对于虚假信息检测比较重要，它可以指明用户的类型(如一般用户、权威机构用户等)。一般而言，权威机构用户发布的信息相对比较真实。文献[9]有效地分析了信息发布者的党派关系(party affiliations)、当前工作(current job)、家乡(home state)、历史不正确称述(historical counts of inaccurate statements)等元信息，然后利用这些信息进行虚假新闻检测。文献[10]抽取出用户标识、用户所在地和证据等特征，并利用 SVM(support vector machine，支持向量机)分类器对谣言加以检测。文献[11]结合用户-类别(自由派和保守派)等信息，利用贝叶斯分类器进行谣言检测。文献[12]抽取用户平均年龄、平均朋友数、用户描述等特征，利用决策树分类器检测虚假新闻。

此外，用户在写文章时所表达的情感特征(如褒义和贬义)同样有助于虚假信息检测，因为真实和虚假信息往往具有不同的情感表达方式。文献[10]结合用户对文本表现的支持、否定、疑问和中立四大类情感,利用支持向量机分类器对谣言加以检测。文献[12]结合文本的平均褒义情感得分、平均贬义情感得分等聚类特征,利用决策树分类器检测谣言。

2) 语义特征

文献[13]采用字符 n 元文法(n-gram,其中 n = 1, 2, 3)、停用词、词性、可读性值、词频、引用词、外部链接的比例、段落数、平均长度等这些代表语义的统计性特征用于虚假新闻检测。类似地,语言查询和字数统计(linguistic inquiry and word count)和文章可读性等语言学导向类特征对虚假信息检测也起到关键作用,原因在于虚假信息在某些方面词语的词频比较高,而且文章会存在一些人为语法错误,其可读性相对较差[14]。文献[15]采用事件的流行度、模糊度和流传度作为微博谣言事件检测分类器的三种新型特征进行谣言检测。此外,文献[16]采用信号推文中词频占据所有推文词频的不确定性/熵比例来检测谣言。文献[17]抽取名词个数(number of nouns)、类型-记号比例(type-token ratio)、单词个数(word count)、引用个数(number of quotes)来检测虚假新闻。文献[18]采用新闻文章中修辞结构(rhetorical structure)来检测虚假信息。修辞结构采用描写篇章各部分之间的结构关系来分析语篇,这些大小不一的部分称作结构段(span),各部分由定义的功能关系相连接组成更大的部分,依次类推,直至组成完整的语篇。其中,每个语篇的结构段多少是不固定的,结构段多的语篇其语义关系也复杂。绝大部分语义关系是不对称的(asymmetry of relation),即绝大部分的关系是"辅助"(satellite)和"核心"(nucleus)的关系。文献[19]采用 n-gram 对应的词频-逆文档频率(term frequency-inverse document frequency)值匹配的方法探讨了新闻标题和对应文章间的点击关系,从而判断是否为虚假信息。

3) 外部知识特征

当前,如何利用外部知识进行虚假新闻检测逐渐成为研究热点。文献[20]表明知识图谱中概念节点间的最短路径信息可以用于复杂的真相核实(fact checking)任务。文献[21]采用路径排序算法(path ranking algorithm)捕获知识图谱中的虚假新闻路径信息。文献[22]把真相核实任务看成是知识图谱中的链接预测任务(link-prediction task),并有效融合了联通性(connectivity)、类型信息(type information)和谓词交互(predicate interactions)等信息,提出了一种基于路径的判别式方法,并将其应用于真相核实任务。文献[23]提出了一种非监督的网络流方法以预测一段表示成三元组(subject 主语, predicate 谓词, object 宾语)的信息真实性。类似地,文献[24]提出知识图谱嵌入二元转换(binary-translating embeddings)模型来检测主题为政治选举的虚假新闻,采用知识图谱头、尾和关系节点间的嵌入向量差异来检测虚假新闻。

2. 基于传播路径的方法

文献[25]、[26]提出了基于传播路径的谣言检测方法,两者均考虑了谣言在互联网中的传播特性。其中,文献[25]设计了度量信息传播树相似度的3种方法(用户相似度、内容相似度和节点相似度),并有效地融合了从根节点到子树节点传播路径的局部信息。类似地,文献[26]将树中用户节点分为意见领袖(opinion leader)和普通用户(normal users)两种类型,边代表任何两个用户间存在关联,并采用三元组(an approval score 同意得分, a double score 怀疑得分, an overall sentiment score 总体情感得分)代表两个节点的边权重。然后,他们提出了一种集成随机游走核和径向基核特征核(包含23种基于消息、基于用户和基于转发等特征)的混合核谣言检测方法。这类方法主要从时间、用户、内容等方面刻画虚假信息的传播特性。

3. 基于图模型的方法

该类方法核心思想是设置一些隐变量,并采用超参数融合先验信息[27-30]。例如,文献[27]采用图模型框架检测虚假新闻,他们把新闻的真实性和用户的可靠性作为隐含的随机变量,采用贝叶斯网络(Bayesian network)来捕获新闻间的条件依赖性、用户观念和用户可靠性,并采用吉布斯(Gibbs)采样方法进行估计。图模型中每个节点代表随机或先验参数变量,黑色和白色节点分别代表观测和隐含变量,先验参数 θ_i 从具有超参数 γ 的贝塔分布生成。对于每个用户 j,他们对虚假新闻的可靠度由变量 Φ_j^1 (true positive 真阳)和 Φ_j^0 (false positive 假阳)表示。文献[30]提出了基于期望最大化(expectation maximization)的推特真实性检测方法,他们分析了由 M 个源 $(S_1, S_2, \cdots, S_M)$ 针对 N 个变量 $(C_1, C_2, \cdots, C_N)$ 的观察数据矩阵 SC,并把源看成推文,把变量看成是代表同一主题的推文的聚类。此处,$S_iC_j=1$ 代表 S_i 把 C_j 报告成真实情况;$S_iC_j=0$ 代表 S_i 把 C_j 报告成虚假情况。然后,他们把真实推文检测问题建模成估计源的可靠性(如 t_i)和变量的正确性(如 $P(C_j=1)$)的联合概率问题,并采用期望最大化方法迭代估计推文的真值。

1.4.2 深度学习模型

由于深度学习在语音和图像领域取得了巨大的成功,因此也被成功应用于自然语言处理领域的多个研究方向。本节将从常用深度学习模型和虚假信息检测机制两个视角介绍代表性的深度学习虚假信息检测模型。

1. 常用深度学习模型视觉分类

代表性的常用深度学习方法涉及基于循环神经网络的模型、基于卷积神经网络的模型、其他代表性深度学习模型 3 大类别。其中，基于递归神经网络的模型方法主要聚焦于互联网中文本类型的虚假信息，充分发挥递归神经网络结构可以有效地捕获文本中的时序信息[31-41]。基于卷积神经网络的方法优势在于能够捕获体现虚假信息的部分局部信息(如词汇信息)特征[42-47]。其他代表性深度学习模型有基于多任务的方法[48]和基于生成对抗网络的方法[49]。其中，文献[48]采用多任务学习框架同时对谣言和立场进行检测，立场检测旨在识别作者所写内容表达的态度，如支持、否定、疑问等。其中，谣言包含 4 大类型(false rumor 假谣言、non-rumor 非谣言、true rumor 真谣言和 unverified rumor 未证实谣言)；立场也包含 4 大类型(support 支持、deny 否定、question 疑问和 comment 注释)。文献[49]采用生成对抗网络(generative adversarial networks)框架以获取虚假信息的一些显著性区分模式，将真实信息和虚假信息的生成过程看成是一种信息的对抗过程，并将其用于谣言检测。

2. 虚假信息检测机制视角分类

代表性的虚假信息机制涉及多模态(文本与图像)、文本与传播、融合模型 3 大类，分别如下。

1) 多模态(文本与图像)

文献[50]研究表明，超过 51.60%的微博带有图片。平均而言，带图片的微博获得的转发次数是不带图片微博的 11 倍。互联网上存在大量的虚假信息依靠虚假图片吸引用户的注意力，这说明图片在虚假信息检测中起着重要的作用。此外，文献[51]采用频域子网络捕捉假新闻图像的物理特征，采用像素域子网络捕捉假新闻图像的语义特征。然后，将上述两个子网络与语义信息进行动态融合，最终构建假新闻检测模型。文献[52]采用长短期记忆网络在编码器端将学习到的文本特征和图像特征串联起来，之后将输出向量通过解码器端重构原始图像和文本进行虚假新闻检测。类似的工作可参考文献[53]~[55]。

2) 文本与传播

一般来说，传播结构是进行虚假信息检测的另一个关键因素，因为源博文与其后续转发之间的相互作用是判断虚假信息的良好指标。文献[56]提出了一种多任务学习方法来同时进行谣言和立场检测，通过构建一个二叉树，使用树长短期记忆网络模型，在源博文及其后续转发过程构建通信关系。此外，文献[57]使用图卷积网络(graph convolution network)框架构建了两个传播图(即自上而下和自下而上)进行谣言检测。文献[58]构建了一个异构图及一个分层注意机制模型用于虚假新闻的表征学习。他们还采用了一种对抗生成网络(generative adversarial networks)方法来增加训练数据。类似的工作可参考文献[59]~[62]。

3) 融合模型

显然，融合文本、传播和用户信息可推动虚假信息检测技术的长足进步。在参考文献[63]中，作者将局部语义和全局通信信息进行联合编码，并将文本表示和用户信息编码使用多头注意学习，以进行谣言检测。相比之下，文献[64]利用图形网络结构模拟了潜在的用户交互，他们还提出了一种协作注意机制以构建一个可解释的假新闻检测模型。类似的工作可参考文献[65]、[66]。

1.5　评测指标

目前，虚假信息检测模型评测主要考虑算法的正确度和 F_1 值两个性能指标，其广泛应用于信息检索的评测[67]中。正确度采用公式(1-1)进行度量。

$$\text{Accuracy} = \frac{\text{true\_positive} + \text{true\_negative}}{\text{all}} \tag{1-1}$$

其中，true_positive 代表本来是正样例，同时分类成正样例的个数；true_negative 代表本来是负样例，同时分类成负样例的个数；all 代表样例总个数。

F_1 值由准确率(precision)和召回率(recall)共同体现，采用公式(1-2)进行度量。

$$F_1 = \frac{2*\text{precision}*\text{recall}}{\text{precision} + \text{recall}} \tag{1-2}$$

其中，

$$\text{precision} = \frac{\text{true\_positive}}{\text{true\_positive} + \text{false\_positive}} \tag{1-3}$$

$$\text{recall} = \frac{\text{true\_positive}}{\text{true\_positive} + \text{false\_negative}} \tag{1-4}$$

其中，false_positive 代表本来是负样例，但被分类成正样例的个数(通常叫误报)；false_negative 代表本来是正样例，但被分类成负样例的个数(通常叫漏报)。

1.6　本章小结

本章对主流的虚假信息检测技术工作进行了分类、对比和综述，分别从传统及深度学习计算模型、评测指标等方面进行了综述。从基于特征工程、基于传播路径、基于图模型三个方面介绍了代表性的虚假信息检测模型。同时，从常用深度学习模型视角和虚假信息机制视角两个角度对代表性的虚假信息检测模型进行了分类。这些代表性模型在虚假信息检测方面取得了一定的效果，也为虚假信息检测未来模型奠定了基础。

参 考 文 献

[1] Reza Z, Mohammad A A, Liu H. 社会媒体挖掘. 刘挺, 秦兵, 赵妍妍译. 北京: 人民邮电出版社, 2015.

[2] Shu K, Wang S, Lee D W, et al. Disinformation, Misinformation, and Fake News in Social Media: Emerging Research Challenges and Opportunities. Berlin: Springer, 2020.

[3] Newman N, Fletcher R, Kalogeropoulos A, et al. Reuters institute digital news report 2019. Thomson Reuters, 2019.

[4] Hernon P. Disinformation and misinformation through the internet: findings of an exploratory study. Government Information Quarterly, 1995, 12(2): 133-139.

[5] Kshetri N, Voas J. The economics of fake news. IT Professional, 2017, 6: 8-12.

[6] Zhou X Y, Zafarani R. Fake news: a survey of research, detection methods, and opportunities. arXiv preprint arXiv: 1812. 00315v1, 2008.

[7] Zubiaga A, Aker A, Bontcheva K, et al. Detection and resolution of rumours in social media: a survey. ACM Computing Surveys, 2018, 51 (2): 1-36.

[8] DiFonzo N, Bordia P. Rumor, gossip and urban legends. Diogenes, 2007, 54(1): 19-35.

[9] Wang W Y. Liar, liar pants on fire: a new benchmark dataset for fake news detection. Proceedings of the Annual Meeting of the Association for Computational Linguistics, 2017: 422-426.

[10] Liu X M, Nourbakhsh A, Li Q Z, et al. Real-time rumor debunking on Twitter. Proceedings of the Conference on Information and Knowledge Management, 2015: 1867-1870.

[11] Qazvinian V, Rosengren E, Radev D R, et al. Rumor has it: identifying misinformation in microblogs. Proceedings of the Conference on Empirical Methods in Natural Language Processing, 2011: 1589-1599.

[12] Castillo C, Mendoza M, Poblete B. Information credibility on Twitter. Proceedings of the International Conference Companion on World Wide Web, 2011: 675-684.

[13] Potthast M, Kiesel J, Reinartz K. A stylometric inquiry into hyperpartisan and fake news. Proceedings of the Annual Meeting of the Association for Computational Linguistics, 2018: 231-240.

[14] Ott M, Cardie C, Hancock J T. Negative deceptive opinion spam. Proceedings of the Conference of the North American Chapter of the Association for Computational Linguistics: Human Language Technologies, 2013: 497-501.

[15] 王志宏, 过弋. 微博谣言事件自动检测研究. 中文信息学报, 2019, 33(6): 132-140.

[16] Zhao Z, Resnick P, Mei Q Z. Enquiring minds: early detection of rumors in social media from enquiry posts. Proceedings of the 24th International Conference on World Wide Web, 2015: 1395-1405.

[17] Horne B D, Adali S. This just in: fake news packs a lot in title, uses simpler, repetitive content in text body, more similar to satire than real news. arXiv preprint arXiv: 1703.09398, 2017.

[18] Rubin V, Conroy N, Chen Y M. Towards news verification: deception detection methods for news discourse. Proceedings of the Hawaii International Conference on System Sciences

(HICSS48) Symposium on Rapid Screening Technologies, Deception Detection and Credibility Assessment Symposium, 2015.

[19] Bourgonje P, Schneider J M, Rehm G. From clickbait to fake news detection: an approach based on detecting the stance of headlines to articles. Proceedings of the 2017 Workshop: Natural Language Processing Meets Journalism, 2017 : 84-89.

[20] Ciampaglia G L, Shiralkar P, Rocha L M, et al. Computational fact checking from knowledge networks. PLoS One, 2015, 10(6): e0128193.

[21] Lao N, Cohen W W. Relational retrieval using a combination of path-constrained random walks. Machine Learning, 2010, 81(1): 53-67.

[22] Shi B X, Weninger T. Discriminative predicate path mining for fact checking in knowledge graphs. Knowledge-Based Systems, 2016, 104: 123-133.

[23] Shiralkar P, Flammini A, Menczer F, et al. Finding streams in knowledge graphs to support fact checking. Proceedings of the 2017 IEEE International Conference on Data Mining, 2017: 859-864.

[24] Pan J Z, Pavlova S, Li C X, et al. Content based fake news detection using knowledge graphs. Proceedings of the International Semantic Web Conference, 2018, 1: 669-683.

[25] Ma J, Gao W, Wong K F. Detect rumors in microblog posts using propagation structure via kernel learning. Proceedings of the Annual Meeting of the Association for Computational Linguistics, 2017: 708-717.

[26] Wu K, Song Y, Zhu K Q. False rumors detection on Sina Weibo by propagation structures. Proceedings of the IEEE International Conference on Data Engineering, 2015: 651-662.

[27] Yang S, Shu K, Wang S H, et al. Unsupervised fake news detection on social media: a generative approach. Proceedings of the 30th AAAI Conference on Artificial Intelligence, 2019: 5644-5651.

[28] Tschiatschek S, Singla A, Rodriguez M G. Fake news detection in social networks via crowd signals. Proceedings of the International Conference Companion on World Wide Web, 2018: 517-524.

[29] Mukherjee S, Weikum G. Leveraging joint interactions for credibility analysis in news communities. Proceedings of the Conference on Information and Knowledge Management, 2015: 353-362.

[30] Wang D, Kaplan L, Abdelzaher T F. Maximum likelihood analysis of conflicting observations in social sensing. ACM Transactions on Sensor Networks, 2014, 10(2): 1-27.

[31] Hanselowski A, Avinesh P V S, Schiller B, et al. A retrospective analysis of the fake news challenge stance detection task. Proceedings of the International Conference on Computational Linguistics, 2018: 1859-1874.

[32] Liu Y, Wu Y F B. Early detection of fake news on social media through propagation path classification with recurrent and convolutional networks. Proceedings of the 30th AAAI Conference on Artificial Intelligence, 2018: 354-361.

[33] Ma J, Gao W, Mitra P, et al. Detecting rumors from microblogs with recurrent neural networks. Proceedings of the International Joint Conference on Artificial Intelligence, 2016: 3818-3824.

[34] Ma J, Gao W, Wong K F. Rumor detection on Twitter with tree-structured recursive neural networks. Proceedings of the Annual Meeting of the Association for Computational Linguistics, 2018: 1980-1989.

[35] Popat K, Mukherjee S, Yates A, et al. DeClarE: debunking fake news and false claims using evidence-aware deep learning. Proceedings of the Conference on Empirical Methods in Natural Language Processing, 2018: 22-32.

[36] Rashkin H, Choi E, Yea J J. Truth of varying shades: analyzing language in fake news and political fact-checking. Proceedings of the Conference on Empirical Methods in Natural Language Processing, 2017: 2931-2937.

[37] Bhavtosh R, Gao W, Ma J, et al. From retweet to believability: utilizing trust to identify rumor spreaders on Twitter. Proceedings of the IEEE/ACM International Conference on Advances in Social Networks Analysis & Mining, 2017: 179-186.

[38] Ruchansky N, Seo S Y, Liu Y. CSI: a hybrid deep model for fake news. Proceedings of the ACM International Conference on Information and Knowledge Management, 2017: 797-806.

[39] Sarkar S D, Yang F, Mukherjee A. Attending sentences to detect satirical fake news. Proceedings of the International Conference on Computational Linguistics, 2018: 3371-3380.

[40] Wu L, Liu H. Tracing fake-news footprints: characterizing social media messages by how they propagate. Proceedings of the ACM SIGKDD International Conference on Knowledge Discovery and Data Mining, 2018: 1-9.

[41] Yao Y S, Viswanath B, Cryan J, et al. Automated crowdturfing attacks and defenses in online review systems. Proceedings of the ACM Conference on Computer and Communications Security, 2017: 1143-1158.

[42] Guderlei M, Matthias A. Evaluating unsupervised representation learning for detecting stances of fake news. Proceedings of the 28th International Conference on Computational Linguistics, 2020: 6339-6349.

[43] Karimi H, Roy P C, Sadiya S S, et al. Multi-source multi-class fake news detection. Proceedings of the International Conference on Computational Linguistics, 2018: 1546-1557.

[44] Qian F, Gong C Y, Sharma K, et al. Neural user response generator: fake news detection with collective user intelligence. Proceedings of the 27th International Joint Conference on Artificial Intelligence and the 23rd European Conference on Artificial Intelligence, 2018: 3834-3840.

[45] Volkova S, Jang J Y. Misleading or falsification? Inferring deceptive strategies and types in online news and social media. Proceedings of the International Conference Companion on World Wide Web, 2018: 575-583.

[46] Kaliyar R K. Fake news detection using a deep neural network. Proceedings of the 4th International Conference on Computing Communication and Automation, 2018: 1-7.

[47] Xu F, Sheng V S, Wang M W. Near real-time topic-driven rumor detection in source microblogs. Knowledge-Based Systems, 2020, 207: 1-9.

[48] Ma J, Gao W, Wong K F. Detect rumor and stance jointly by neural multi-task learning. Proceedings of the International Conference Companion on World Wide Web, 2018: 585-593.

[49] Ma J, Gao W, Wong K F. Detect rumors on Twitter by promoting information campaigns with

generative adversarial learning. Proceedings of the International Conference Companion on World Wide Web, 2019: 3049-3055.

[50] Jin Z W, Cao J, Zhang Y D, et al. Novel visual and statistical image features for microblogs news verification. IEEE Transactions on Multimedia, 2017, 19(3): 1-38.

[51] Qi P, Cao J, Yang T Y, et al. Exploiting multi-domain visual information for fake news detection. Proceedings of the IEEE International Conference on Data Mining, 2019: 518-527.

[52] Khattar D, Goud J S, Gupta M, et al. MVAE: multimodal variational autoencoder for fake news detection. Proceedings of the International Conference of World Wide Web, 2019: 2915-2921.

[53] Singhal S, Kabra A, Sharma M, et al. SpotFake+: a multimodal framework for fake news detection via transfer learning. Proceedings of the 34th AAAI Conference on Artificial Intelligence, 2020: 13915-13916.

[54] Tan R, Plummer B, Saenko K. Detecting cross-modal inconsistency to defend against neural fake news. Proceedings of the Conference on Empirical Methods in Natural Language Processing, 2020: 2081-2106.

[55] Vo N, Lee K. Where are the facts? Searching for fact-checked information to alleviate the spread of fake news. Proceedings of the Conference on Empirical Methods in Natural Language Processing, 2020: 7717-7731.

[56] Kumar S, Carley K. Tree LSTMs with convolution units to predict stance and rumor veracity in social media conversations. Proceedings of the 57th Annual Meeting of the Association for Computational Linguistics, 2019: 1173-1179.

[57] Bian T, Xiao X, Xu T Y, et al. Rumor detection on social media with bi-directional graph convolutional networks. Proceedings of the 34th AAAI Conference on Artificial Intelligence, 2020: 549-556.

[58] Ren Y X, Wang B, Zhang J W, et al. Adversarial active learning based heterogeneous graph neural network for fake news detection. Proceedings of the IEEE International Conference on Data Mining, 2020: 452-461.

[59] Khoo L M S, Chieu H L, Qian Z, et al. Interpretable rumor detection in microblogs by attending to user interactions. Proceedings of the 34th AAAI Conference on Artificial Intelligence, 2020: 8783-8790.

[60] Li J W, Sujana Y, Kao H Y. Exploiting microblog conversation structures to detect rumors. Proceedings of the 28th International Conference on Computational Linguistics, 2020: 5420-5429.

[61] Ma J, Gao W. Debunking rumors on Twitter with tree transformer. Proceedings of the 28th International Conference on Computational Linguistics, 2020: 5455-5466.

[62] Yang X Y, Lyu Y F, Tian T, et al. Rumor detection on social media with graph structured adversarial learning. Proceedings of the 29th International Joint Conference on Artificial Intelligence, 2020: 1417-1423.

[63] Yuan C Y, Ma Q W, Zhou W, et al. Jointly embedding the local and global relations of heterogeneous graph for rumor detection. Proceedings of the IEEE International Conference on Data Mining, 2019: 796-805.

[64] Lu Y J, Li C T. GCAN: graph-aware co-attention networks for explainable fake news detection on social media. Proceedings of the 58th Annual Meeting of the Association for Computational Linguistics, 2020: 505-514.

[65] Rosenfeld N, Szanto A, Parkes D C. A kernel of truth: determining rumor veracity on Twitter by diffusion pattern alone. Proceedings of the International Conference of World Wide Web, 2020: 1018-1028.

[66] Yuan C Y, Ma Q W, Zhou W, et al. Early detection of fake news by utilizing the credibility of news, publishers, and users based on weakly supervised learning. Proceedings of the 28th International Conference on Computational Linguistics, 2020: 5444-5454.

[67] Manning C D, Schütze H, Raghavan P. Introduction to Information Retrieval. England: Cambridge University Press, 2008.

第 2 章 相 关 技 术

2.1 引　　言

本章主要介绍本书拟采用的相关技术，包含传统和深度学习技术。其中传统技术涵盖了支持向量机、互信息、点互信息、主题模型、词频-逆文档频率；深度学习技术涵盖了词向量、word2vec 模型、循环神经网络、卷积神经网络、图神经网络。上述技术构成了本书提出方法的基础。

2.2　传统机器学习模型

本节主要阐述本书所采用的一些传统机器学习技术，着重从理论上分析其优点，以及分析为何可以利用这些技术进行虚假信息检测研究。

2.2.1　支持向量机

支持向量机(support vector machine，SVM)是一种有监督的学习模型，通常用来进行模式识别、分类及回归分析，主要用来解决二分类问题[1]。所谓有监督学习就是给定一些标注样本，每个样本都有一组属性和一个事先确定的标注类别，通过学习得到一个分类器，这个分类器能够对新出现的数据(表现为一组属性)给出正确的分类。其主要思想是寻找一个超平面作为决策曲面，使得正例和负例之间的隔离边缘最大化，因而 SVM 分类器在本质上是一个二元分类器。对于多元分类问题，通常可以采用一对多方法和一对一方法把二元分类器转化为多元分类器问题。通常，一对多方法需要较少的分类器，但每一个分类器的训练数据较多(涉及所有的训练集)；而一对一方法需要较多的分类器，但每一个分类器的训练数据较少(涉及两个类别的训练集)。

为清晰起见，图 2.1 描述了 SVM 的基本原理。

图 2.1 中，⊖ 和 ⊕ 分别代表两类样本，H 为分类线，H_1、H_2 分别代表各类中距离分类线最近且平行于分类线 H 的直线样本，两者之间的距离称为分类间隔(margin)。所谓最优分类线就是要求分类线能将两类正确分开且分类间隔最大。虚线的位置由决策面的方向和距离原决策面最近的几个样本的位置决定。而这两条平行虚线正中间的分界线就是在保持当前决策面方向不变的前提下的最优决策

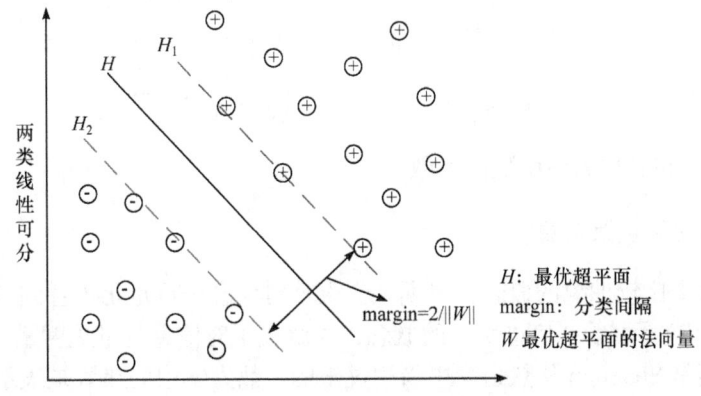

图 2.1 SVM 基本原理图

面。两条虚线之间的垂直距离就是这个最优决策面对应的分类间隔。而这个真正的最优解对应的两侧虚线所穿过的样本点，就是 SVM 中的支持样本点，称为"支持向量"。对于图 2.1 中的数据，H 决策面就是 SVM 寻找的最优解，而相应的六个位于虚线上的样本点在坐标系中对应的向量就叫作支持向量。

假设有 n 个样本集 x_i 及其所属类别 y_i，分别表示为：$x_i \in R$，$y_i \in \{-1, 1\}$，$i = 1, 2, \cdots, n$，超平面 $w^T x + b = 0$ 能将两类样本分开，即

$$y_i\left[\left(w^T x_i\right) + b\right] - 1 \geq 0, \quad i = 1, \cdots, n \tag{2-1}$$

分类间隔等于 $\dfrac{2}{\|w\|}$，H_1、H_2 上的训练样本点称作支持向量。利用拉格朗日(Lagrange)优化方法得到最优分类函数为

$$f(x) = \text{sgn}\left\{\sum_{i=1}^{n} a_i^* y_i (x_i x) + b^*\right\} \tag{2-2}$$

公式(2-2)的函数也称为判别函数，即当 $f(x) > 0$ 时，该向量所对应的实例预测为正例；当 $f(x) < 0$ 时，该向量所对应的实例预测为反例。公式(2-2)中的 $(x_i x)$ 称为两个向量之间的内积，它从一个角度表明了在高维空间中两个向量之间的相似度。

同样，也可以使用其他的相似度计算方法来代替内积，这就是所谓的核函数 (kernel functions)。常用的核函数有线性核函数(公式 2-3)、多项式核函数(公式 2-4)、径向基核函数(radial basis function)(公式 2-5)和 sigmoid 函数(公式 2-6)等，不同的核函数对分类结果也有所影响[2]，分别表示如下：

$$K\left(X_i, X_j\right) = X_i^T X_j \tag{2-3}$$

$$K\left(X_i, X_j\right) = \left(\gamma X_i^T X_j + r\right), \quad \gamma > 0 \tag{2-4}$$

$$K(X_i, X_j) = \exp(-\gamma \|X_i - X_j\|^2), \quad \gamma > 0 \tag{2-5}$$

$$K(X_i, X_j) = \tanh(-\gamma X_i^T X_j + r) \tag{2-6}$$

式中，γ、r 和 d 均为核函数的参数。

2.2.2 互信息和点互信息

信息是个比较抽象的概念，早期人们很难对信息进行量化。直到 1948 年，Shannon(香农)提出了"信息熵"的概念，才解决了对信息的量化度量问题[3]。信息熵这个词是 Shannon 从热力学中借用过来的。热力学中的热熵是表示分子状态混乱程度的物理量。Shannon 用信息熵(entropy)的概念来描述信源的不确定度。Shannon 指出任何信息都存在冗余，冗余大小与信息中每个符号(数字、字母或单词)的出现概率或者说不确定性有关，借鉴了热力学的概念，把信息中排除了冗余后的平均信息量称为"信息熵"，并给出了计算信息熵的数学表达式，见公式(2-7)所示。Shannon 将信息熵定义为离散随机事件出现的概率，一个系统越是有序，信息熵就越低，反之一个系统越是混乱，它的信息熵就越高。所以信息熵可以被认为是系统有序化程度的一个度量。

$$H(X) = \sum_{x \in X} p(x) \log_2 p(x) \tag{2-7}$$

其中，X 是一个离散型随机变量。

随机事件 x 的自信息量定义为该事件发生概率的对数的负值，表示为

$$I(x) = -\log p(x) \tag{2-8}$$

公式(2-8)反映了小概率事件所包含的不确定性大，其自信息量大；大概率事件所包含的不确定性小，其自信息量小。

熵又称为自信息(self-information)，表示信源 x 每发一个符号(不论发什么符号)所提供的平均信息量。熵也可以被视为描述一个随机变量不确定性的数量。一个随机变量的熵越大，它的不确定性越大。那么，正确估计其值的可能性就越小。越不确定的随机变量越需要大的信息量用以确定其值。

相对而言，互信息描述了一个随机变量中包含的关于另一个随机变量的信息量，或者说是一个随机变量由于已知另一个随机变量而减少的不确定性，表示为

$$I(X;Y) = \sum_{x \in X} \sum_{y \in Y} p(x,y) \log_2 \frac{p(x,y)}{p(x)p(y)} \tag{2-9}$$

式中，互信息 $I(X;Y)$ 是在知道了 Y 的值后 X 不确定性的减少量，即 Y 值反映了多少关于 X 的信息量。

此外，点互信息衡量了两个事物之间的相关性(如两个词)，是互信息的衍生概念，其计算公式为

$$\text{PMI}(x;y) = \log_2 \frac{p(x|y)}{p(x)p(y)} \tag{2-10}$$

2.2.3 决策树

决策树(decision tree)也是一种有监督的学习模型，是一个预测模型，其代表的是对象属性与对象值之间的一种映射关系[4]。从图形上看，决策树是一种树形结构，其中每个内部节点表示一个属性上的测试，每个分支代表一个测试输出，每个叶节点代表一种类别。为清晰起见，作为图 2.2 以一个决策树例子，通过"回答问题次数""作业次数""笔记次数"来判断一个学生是否为优等生，图中的 V_1、V_2 和 V_3 称为阈值。

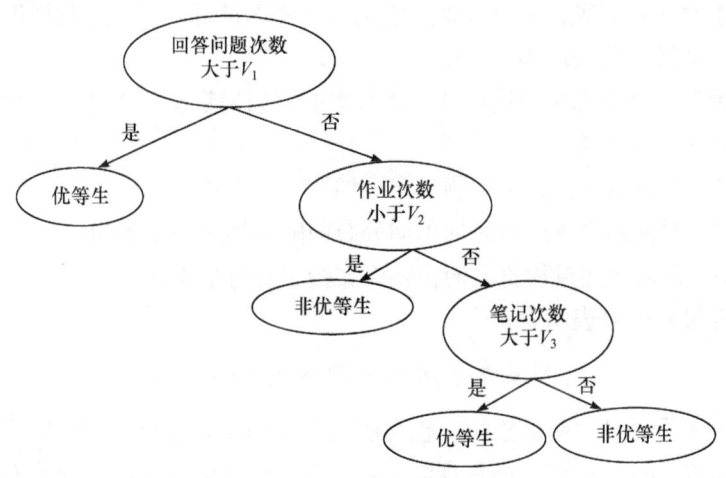

图 2.2　决策树实例

通常，决策树的生成主要包含如下两个步骤。

步骤 1　节点的分裂：通常而言，当一个节点所代表的属性无法给出判断时，则选择将这一节点分成 n 个子节点。

步骤 2　阈值的确定：选择适当的阈值使得分类错误率最小。

常用的决策树有 ID3、C4.5 和分类回归树(classification and regression tree，CART)。在 ID3 中，采用熵来决定决策树中需要分裂的节点。当熵为 1 的时候，代表分类效果最差；而熵为 0，代表分类理想状态；一般情况下，熵为介于 0 和 1 之间的实数。因此，通过对熵不断最小化，从而不断提高分类正确率。但是，节点也不是分得越细越好。为了避免分割太细，C4.5 对 ID3 进行了改进，采用信息增益率来度量分割。CART 是一个二叉树，也是回归树，同时也是分类树，采用 GINI

指数来决定如何分裂。通常，CART的分类效果一般优于其他决策树。实际上，GINI指数与熵的概念类似，总体内包含的类别越杂乱，GINI指数就越大，其计算公式为

$$\text{GINI}(T_i) = 1 - \prod_{j=1}^{n} p_j^2 \qquad (2\text{-}11)$$

其中，n表示数据的类别数，p_j表示样本属于第j个类别的概率。

2.2.4 主题模型

主题模型(topic model)是以非监督学习方式对文本集合的隐含语义结构进行聚类的统计模型[5]。所谓非监督学习是指在没有类别信息的情况下，通过对所研究对象大量样本的数据分析实现对样本分类的一种数据处理方法。隐含狄利克雷分布(latent Dirichlet allocation，LDA)是一种最为常见的主题模型[6]。主题模型被广泛应用于对文本的表征进行降维、按主题对文本进行聚类，以及根据用户偏好进行推荐、关键词语抽取等任务中。

主题模型的核心思想是通过文本集合里的词来确定文章类型，其具体的生成过程包含以下3个步骤。

步骤1 对每篇文档，在主题分布中抽取一个主题。
步骤2 对抽到主题所对应的单词分布中随机抽取一个单词。
步骤3 重复上述过程直至遍历整篇文档中的每个单词。

其计算过程可以表示为

$$p(词|文档) = p(词|主题) \times p(主题|文档) \qquad (2\text{-}12)$$

图2.3显示了LDA的模型。模型假设主题的先验分布和词的先验分布都是Dirichlet分布，图中α和η都是参数，灰色节点代表可观察的单词，方框代表重复采样过程。

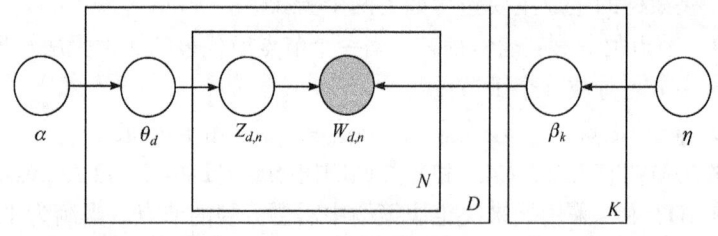

图2.3 LDA模型图

2.2.5 词频-逆文档频率

词频-逆文档频率(term frequency-inverse document frequency，TF-IDF)是一种

用于评估一个词项对于文档集合或语料库中的一篇文档重要性的统计方法,一种信息检索领域的常用加权技术。该方法的核心思想是:词项的重要性正比于其在文档中出现的次数,反比于其在文档集合或语料库中出现的频率。该方法由词频(term frequency,TF)和逆文档频率(inverse document frequency,IDF)计算得到,表示为

$$\text{TF-IDF}_{i,j} = \text{TF}_{i,j} \cdot \text{IDF}_i \tag{2-13}$$

其中,$\text{TF-IDF}_{i,j}$ 表示词项 t_i 在文档 d_j 中的 TF-IDF 值,$\text{TF}_{i,j}$ 表示词项 t_i 在文档 d_j 中的词频,IDF_i 表示词项 t_i 在整个文档集合或语料库中的逆文档频率。

词频表示词项在文档中出现的频率,通常会将其归一化以防该值偏向长文本文档,其计算公式为

$$\text{TF}_{i,j} = \frac{n_{i,j}}{\sum_k n_{k,j}} \tag{2-14}$$

其中,$n_{i,j}$ 表示词项 t_i 在文档 d_j 中出现的次数,$\text{TF}_{i,j}$ 表示词项 t_i 在文档 d_j 中出现的频率。

逆文档频率表示词项在整个文档集合或语料库中的普遍程度。即如果包含词项 t_i 的文档越少,IDF 值越大,说明该词项具有很好的类别区分能力。逆文档频率的计算公式为

$$\text{IDF}_i = \log \frac{|D|}{1+|j:t_i \in d_j|} \tag{2-15}$$

其中,$|D|$ 表示文档集合或语料库中的所有文档数量,$|j:t_i \in d_j|$ 表示包含词项 t_i 的文档数量。

2.3 深度学习技术

本节主要阐述本书所采用的一些深度学习技术,着重从理论上分析其优点,以及分析为何可以利用这些技术进行虚假信息检测研究。

2.3.1 词向量

在对文本中的单词进行分布式表示时,早期比较常见的做法是创建一个词汇表,并且把其中的每一个词按顺序进行编号,如果出现该词汇,则相应的位置为 1,否则该位置为 0,然后用这个很长的向量表示一个词。这实际上就是词表示方法中的 one-hot 表示。这种表示带来的最大问题是稀疏性,因而很容易产生维数灾难,尤其是在一些与深度学习相关的应用中。此外,由于我们只是唯一标示了

一个词，从而导致在计算单词与单词的相似度时出现零的情况。比如，词典中"教师"和"学生"有不同位置编号，导致"教师"和"学生"的相似度值为零，这种现象不利于处理实际问题。

鉴于此，Hinton 在 1986 年提出了一种新的分布式表示方式。他的基本思想就是通过训练将每个词都映射到一个固定长度的实数向量上去，将所有这些向量放在一起形成一个词向量空间，而每一向量则为该空间中的一个点，在这个空间上引入"距离"，然后可以通过词与词之间的距离(如余弦距离等)来判断词之间的语义相似度，本书用到的 word2vec 和 GLOVE(global vectors for word representation)就是应用了分布式词向量表示方法。实际研究证明，当词向量作为底层输入表示时，可以显著提升很多与自然语言处理相关任务的性能。

2.3.2 word2vec 和 GLOVE 模型

word2vec[7]是 Google 公司的一个开源项目，它基于神经网络语言模型(nerual network language model，NNLM)技术，并进行了如下改进。

(1) 模型中的第一层输入时不把词所对应的词向量进行排序组合，而是把这些向量累加起来，由此降低了计算复杂度。

(2) 取消了三层神经网络中的第二层，降低了计算复杂度，并且没有导致太多性能下降。

(3) 利用两种学习算法：CBOW(continuous bag-of-words model)算法[8]和 skip-gram 算法[9]更好地引入上下文信息训练出词向量，并取得较好的性能。

(4) 针对层次 softmax，word2vec 依据词频使用霍夫曼(Huffman)编码。通过 Huffman 编码可以利用词频特征去进行层次化，并通过实验验证了这种方式的有效性。

(5) 为使用者提供了负采样(negative sampling)方法。这种方法不是针对全部节点(标记为 0)的权重进行刷新，而是随意选择标记为 0 的某些节点刷新权重，选择的数量为 n，可以将计算的次数由 $H \times V$ 降低为 $H \times n$，极大地提升了计算性能。

GLOVE 是一个基于全局词频统计的词表征工具，可以把一个单词表达成一个由实数组成的向量[10]。GLOVE 的实现过程包含三个步骤：①从语料库中构建共现矩阵；②构建词向量和共现矩阵之间的近似关系；③采用加权的平方最小误差作为损失函数计算词向量和共现矩阵之间的误差。GLOVE 相比 word2vec 的最大优点是对语料库进行了充分利用，从而在某些自然语言处理任务中取得了更好的性能。

2.3.3 循环神经网络

循环神经网络(recurrent neural network,RNN)[11]引入定向循环,从而能够处理那些输入之间前后关联的问题,进而可以对有时间顺序的数据进行处理。其结构如图 2.4 所示。

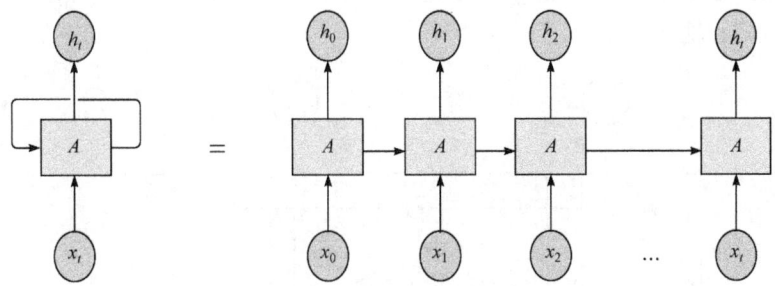

图 2.4 RNN 及其展开图

从图 2.4 可知,RNN 每层的输入都是由上一层的输出和当前层的输入共同组成的,这里上一层的输出可以视为人工神经网络的记忆,RNN 的每层输入都是有记忆因素的输入。RNN 是通过在多层神经网络的隐层神经元间添加模拟人类记忆的单元循环产生的网络结构。

此外,与循环神经网络相关的是递归神经网络(recursive neural network),循环神经网络主要是根据单词的序列信息进行建模,而递归神经网络则根据树结构信息(如句法树)进行建模(图 2.5)①。在自然语言处理的很多任务中,递归神经网络表现出的性能要优于循环神经网络。

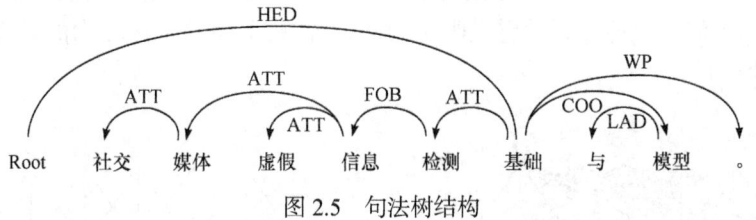

图 2.5 句法树结构

不管是循环神经网络还是递归神经网络,两者的记忆时间都很短,只能完成短间距的记忆任务,不能完成需要长期记忆的任务。于是,有学者提出了一种长短时记忆神经网络(long short term memory,LSTM)。它作为 RNN 的特殊变种(图 2.6)[12],通过引入遗忘门和输入门对输入信息进行过滤,从而过滤掉没有用的信息,保留有用的信息,并将其输入到记忆细胞中进行记忆,最后通过输出门将记

---

① http://ltp.ai/demo.html

忆结果输出，作为下一个 LSTM 单元的输入。基于此，LSTM 可以克服 RNN 只能利用和当前词间隔较近的信息对当前词进行预测，以及在信息传递和计算过程中会出现梯度消失或爆炸的问题。另外，LSTM 对信息进行了有效过滤，可以减少计算量，在实际中取得了很好的效果。实际使用中，还可以采用 LSTM 的简化版本 GRU(gated recurrent unit)[13]，GRU 利用更新门和重置门来代替 LSTM 的遗忘门、输入门和输出门。

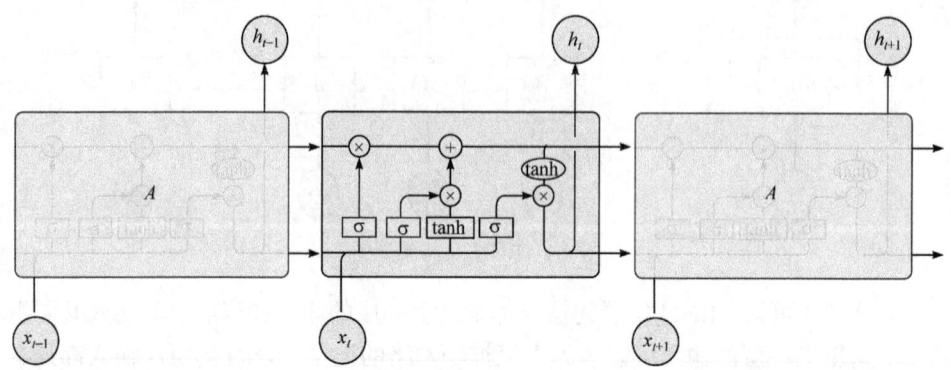

图 2.6　长短时记忆神经网络

2.3.4　卷积神经网络

卷积神经网络(convolution neural network，CNN)是一种常见的深度学习架构，是一种前馈神经网络，受生物学上感受野(receptive field)机制的启发而提出。20世纪 90 年代，LeCun 等确立了 CNN 的现代结构[14]，后来又对其进行完善。

图 2.7 和图 2.8 分别是全连接网络结构和 CNN 结构。从图中我们可以得知，CNN 结构中的一个神经元的感受野是指特定区域，只有这个区域内的刺激才能够激活该神经元。

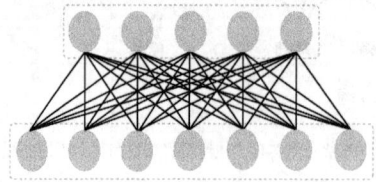

图 2.7　全连接网络结构

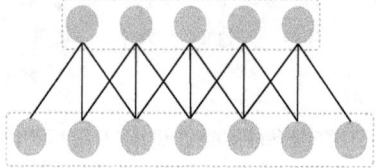

图 2.8　CNN 结构

在图像中，卷积为区域内像素的加权平均，表示为

$$y_{ij} = \sum_{u=1}^{m}\sum_{v=1}^{n} f_{uv} \cdot x_{i-u+1, j-v+1} \tag{2-16}$$

其中，x 表示信号，其长度 $M \times N$；f 代表滤波器，其长度 $m \times n$。

为了增强卷积层的表示能力，可以使用 K 个不同的滤波器来得到 K 组输出。每一组输出(也称特征映射，feature map)都共享一个滤波器。滤波器可以看成一个特征提取器，每一组输出也可以看成是输入图像经过一个特征抽取后得到的特征。

虽然卷积层可以显著减少连接的个数，但每一个特征映射的神经元个数并没有显著减少。实际中可以采用池化(pooling)技术进一步减少计算。常用的有最大值池化、最小值池化、平均值池化和 top-k 池化。

2.3.5 BERT 模型

BERT(bidirectional encoder representations from transformers)的网络架构使用的是多层 transformer 结构，最显著的特点是没有使用经典的循环神经网络和卷积神经网络架构来解决自然语言处理任务中困扰人们很久的长期依赖问题，它是利用注意力机制来随机改变任意两个单词的距离，使该距离被设置为 1。由于上述巧妙和有效的架构，transformer 在自然语言处理领域中大放异彩。

BERT 输入的编码向量(长度是 512)是 3 个嵌入特征的组合(图 2.9)，这三个嵌入特征含义如下。

(1) 词语嵌入(token embedding)是指将单词划分成一组有限的公共子词单元，能在单词的有效性和字符的灵活性之间取得一个折中的平衡。

(2) 位置嵌入(position embedding)是指将单词的位置信息编码成特征向量，是向模型中引入单词位置关系至关重要的一环。

(3) 分割嵌入(segment embedding)用于标明两个句子的关系。例如，句子 X 是否是句子 Y 的下文(对话场景，问答场景等)，针对这个问题，句子 X 的特征值是 0，句子 Y 的特征值是 1。

图 2.9 中还存在着两个特殊符号[CLS]和[SEP]，其中[CLS]表示该特征用于分类模型，对非分类模型，该符号可以省去。[SEP]表示分句符号，用于断开输入语料中的两个句子。

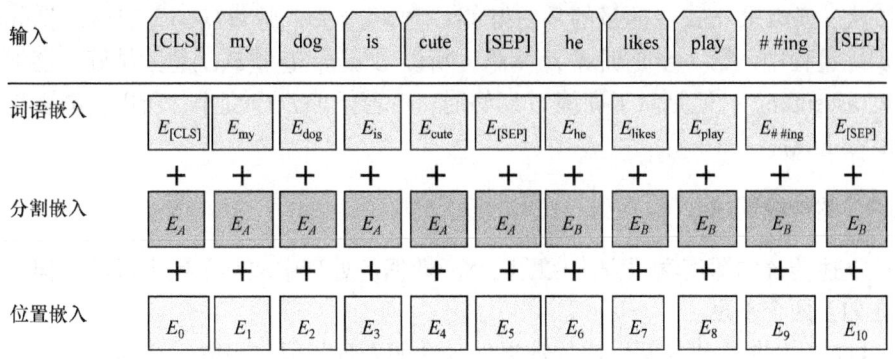

图 2.9 BERT 模型的输入向量示例

当使用 BERT 模型进行分类任务时，重点关注"下一句预测"任务。该任务是判断句子 X 是否是句子 Y 的下文，如果是的话输出"isnext"，否则输出"notnext"。训练数据的生成方式是从平行语料中随机抽取连续两句话，其中 50%保留抽取的两句话，它们符合 isnext 关系，另外 50%的第二句话是从语料中随机提取，它们的关系是 notnext。这个关系保存在图 2.9 中的[CLS]符号中。

在海量单语料上训练完 BERT 之后，便可以将其应用到自然语言处理的各个任务中。对于"下一句预测"任务来说，其条件概率表示为 $P = \text{softmax}(CW^T)$，其中 C 是 BERT 输出中的[CLS]符号，是可学习的权值矩阵。对于其他任务来说，我们也可以根据 BERT 的输出信息做出对应预测。

2.3.6 对抗生成网络

对抗生成网络(generative adversarial networks，GAN)[15]是一种非监督学习方法，包含生成网络和判别网络。其核心思想是通过利用生成网络和判别网络的博弈得到模型的参数。其中，生成网络从隐含空间中的随机采样作为输入，其目标是生成类似于真实样本的样本；判别网络的输入则为真实样本或生成网络的输出，其目的是将生成网络的输出从真实样本中尽可能分辨出来。在训练的过程中，生成网络和判别网络相互对抗，最终实现无法从真实样本中辨别出生成样本。其中，生成网络记做 G(generator)，判别网络记做 D(discriminator)。例如，G 接受一个随机噪声 Z，通过这个噪声生成图片，记做 $G(Z)$；D 判断一张图片是不是真实的，输入是一张图片 x，$D(x)$表示是真实图片的概率，最终目标是使得 $D(G(Z)) = 0.5$，即无法判断是真实图片还是生成图片。基本数学原理如下：

$$\min_G \max_D V(D,G) = \mathbb{E}_{\forall x \sim p_{\text{data}}(x)}\left[\log D(x)\right] + \mathbb{E}_{z \sim p_z(Z)}\left[\log\left(1 - D\left(G(Z)\right)\right)\right] \quad (2\text{-}14)$$

该优化函数由两部分组成，一部分是对于真实数据的预测概率，另一部分是生成数据的预测概率，D 的目的是使得 $D(x)$尽量大，$D(G(Z))$尽量小，故 $V(D,G)$会变大，所以求 max G 的目的是使得 $D(G(Z))$尽量大，则 $V(D,G)$会变小，求 min。在训练过程中，第一步是训练 D 网络，所以 D 是希望 $V(D,G)$越大越好，会加上梯度(ascending)，但是对于训练 G 网络时，G 希望 $V(D,G)$变小，所以会减去梯度(descending)。

2.3.7 图神经网络

上述传统的深度学习方法在欧氏空间数据的处理中取得了巨大成功，但仍然存在如下两个不足。

(1) 面对非欧式空间生成的数据处理性能表现一般。与欧氏空间不同，非欧氏空间的面是曲面，它与常见的平面有很大不同。例如，在学术推荐模型中，一个基于图的学习系统能够很好地表达作者、机构、论文、项目之间的引用与合作等交互情况，从而做出非常准确的推荐。

(2) 现有深度学习算法的一个核心假设是数据样本的独立性。然而，对于图而言，样本并不满足独立性假设。实际上，图中的每个数据样本(实例/节点)都会有边与图中其他数据样本(实例/节点)相关联，这些关联信息可用于捕获实例之间的相互依赖关系。

通常，图神经网络包含五大类别：图卷积网络(graph convolution networks)、图注意力网络(graph attention networks)、图自编码器(graph autoencoders)、图生成网络(graph generative networks)和图时空网络(graph spatial-temporal networks)[16]。其中，图卷积网络是其他图神经网络的基础，其核心思想是学习一个函数映射 $f(\cdot)$，通过该映射，图中的节点 v_i 可以聚合自己的特征 x_i 与它的邻居特征 x_j，来生成节点 v_i 的新表示，从而有效地获取邻居的高阶信息。在图卷积网络中第 $l+1$ 层的隐含表示为

$$H^{(l+1)} = \sigma(\hat{D}^{-\frac{1}{2}}\hat{A}\hat{D}^{\frac{1}{2}}H^{(l)}Wl) \qquad (2\text{-}17)$$

其中，A 为邻接矩阵，D 为度矩阵，$\hat{A} = A + I, \hat{D} = D + I$，$I$ 为单位矩阵，σ 为激活函数，W 为参数。

2.4 本章小结

本章对本书拟采用的相关传统和深度学习技术进行了介绍。传统技术包括支持向量机、互信息、决策树、主题模型、词频-逆文档频率。深度学习技术包括词向量、word2vec 和 GLOVE 模型、循环神经网络、卷积神经网络、bert 模型、对抗生成网络和图神经网络。本章分析了每种技术的原理和意义，尤其是阐述了深度学习技术的来龙去脉，这些技术构成了后续虚假信息检测模型的基础。

参 考 文 献

[1] Cortes C, Vapnik V. Support-vector networks. Machine Learning, 1995, 20: 273-297.
[2] Taylor J S, Cristianini N. Kernel Methods for Pattern Analysis. London: Cambridge University Press, 2004.
[3] Shannon C E. A mathematical theory of communication. The Bell System Technical Journal, 1948, 27: 379-423, 623-656.
[4] 李航. 统计学习方法. 北京: 清华大学出版社, 2012.
[5] Papadimitriou C H, Raghavan P, Tamaki H, et al. Latent semantic indexing: a probabilistic analysis. Journal of Computer and System Sciences, 2000, 61(2): 217-235.

[6] Blei D M, Ng A Y, Jordan M I. Latent Dirichlet allocation. Journal of Machine Learning Research, 2003, 3: 993-1022.
[7] Mikolov T, Chen K, Corrado G, et al. Efficient estimation of word representations in vector space. arXiv preprint arXiv: 1301. 3781v3, 2013.
[8] Mikolov T, Chen K, Corrado G, et al. Efficient estimation of word representations in vector space. Proceeding of the International Conference on Learning Representations Workshop Track, 2013: 1301-3781.
[9] Mikolov T, Sutskever I, Chen K, et al. Distributed representations of words and phrases and their compositionality. Proceedings of NIPS, 2013: 3111-3119.
[10] Pennington J, Socher R, Manning C. GLOVE: global vectors for word representation. Proceedings of the Conference on Empirical Methods in Natural Language Processing, 2014: 1532-1543.
[11] Elman J L. Finding structure in time. Cognitive Science, 1990, 14: 179-211.
[12] Hochreiter S, Schmidhuber J. Long short-term memory. Neural Computation, 1997, 9(8): 1735-1780.
[13] Cho K, Merrienboer B V, Gulcehre C, et al. Learning phrase representations using RNN encoder–decoder for statistical machine translation. Proceedings of the 2014 Conference on Empirical Methods in Natural Language Processing, 2014: 1724-1734.
[14] Arbib M A. The Handbook of Brain Theory and Neural Networks. Massachusetts: MIT Press, 1995.
[15] Goodfellow I J, Abadie J P, Mirza M, et al. Generative adversarial networks. arXiv preprint arXiv: 1406.2661, 2014.
[16] Wu Z H, Pan S, Chen F W, et al. A Comprehensive Survey on Graph Neural Networks. arXiv preprint arXiv: 1901. 00596, 2019.

第二篇 模 型 篇

第 3 章 融合语义的虚假信息检测模型

3.1 引言

在自然语言处理中,语义是研究单个词的含义(即词义)及单个词的含义是如何联合起来组成句子、段落甚至篇章的含义。鉴于此,本章主要介绍在虚假信息检测中如何有效融入词语构成的主题和全局语义关系等信息,从而提升虚假信息检测模型的性能。

3.2 基于主题的谣言检测模型

3.2.1 背景

根据文献[1]~[3]的相关研究,互联网中帖子的主题类型有助于虚假信息检测,虚假信息与信息扩散时主题的可信度成一定的比例关系。此外,根据京师中国传媒智库于2017年发布的《移动社交网络时代的传谣与辟谣:技术逻辑视野下的新态势与新对策》研究报告①,在网友举报、经筛选鉴定的6000多条谣言中,科学常识类与社会时政类谣言是网友举报最多的谣言主题,且在科学常识类谣言中,食品健康类谣言最不易识别,并经常反复出现转发高峰。由此可见,谣言的主题与人们的日常生活密切相关。

实际上,通过分析现有国际虚假信息基准语料微博②,我们可以发现关于食品健康主题的信息具有较高概率成为谣言,而关于文娱体育主题的信息对应的非谣言概率相对较高。为清晰起见,例1显示了相应的实例。

例 1

(1) "《献给爷爷奶奶的歌》 http://t.cn/h1R0Rj" (主题:文娱体育;标签类型:non-rumor/非谣言)。

(2) "用一次性筷子做笋干炒肉,好吃哦"(主题:食品健康;标签类型:rumor/谣言)。

---

① https://sjc.bnu.edu.cn/docs/2018-04/20180424112854671948.pdf

② http://alt.qcri.org/_wgao/data/rumdect.zip

综上,本节模型研究动机是通过挖掘文本句子的主题类型作为一种先验信息,并将此先验主题信息融合至现有深度学习框架中,来判断给定的互联网文本是否为谣言。

3.2.2 算法模型

根据背景知识描述,本模型一方面挖掘了文本的主题先验信息,并利用此先验信息指导谣言检测。此外,由于现有模型过多依赖互联网中源帖子和转发文本,从而导致谣言的延迟检测。因此,本模型另一方面仅仅依赖于互联网中源帖子,不利用转发文本等交互信息,进而提升谣言检测的实时性。

图 3.1 显示了该模型框架。整个模型由两个阶段组成:第一阶段是主题向量生成,第二阶段是谣言检测。其中,卷积神经网络用于进行与语言无关的主题检测阶段。如果是英文源帖子,则使用卷积神经网络[4]框架进行谣言检测。相反,如果是中文源帖子,将采用 FastText[5] 框架揭穿谣言。接下来详细介绍每个模块。

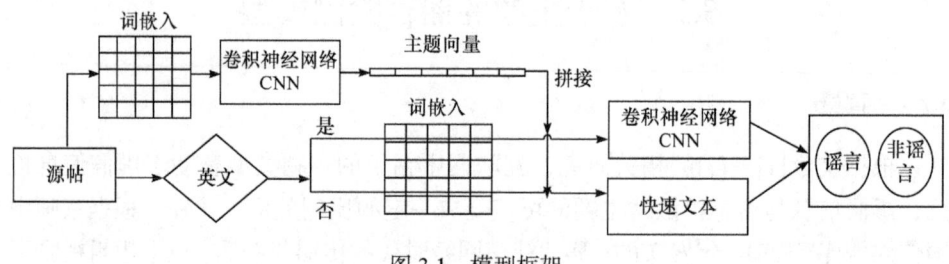

图 3.1　模型框架

(1) 词嵌入模块。词嵌入是一种有效的词表示形式,它允许具有相似意义的词具有相似的表示形式,是文本的分布式表示形式。每个单词都由实值向量表示,这与稀疏单词表示(如 one-hot 独热编码)不同。我们采用 GLOVE 和 word2vec 嵌入分别对英文和中文数据集进行词嵌入,并作为模型输入。

(2) 主题向量生成模块。我们只需将源帖子的主题向量表示为流行深度学习模型(即 CNN 或 FastText)的每种主题类型的输出分数,并使用 softmax 将其标准化为[0,1]。当然,我们也可以将主题表示为一个独热(one-hot)向量,但是独热向量表示有两个潜在问题:①独热向量的表示肯定会丢失不同主题之间的语义信息;②预测的独热向量将受控于主题分类算法的输出,特别是在某些类型的主题无法成功检测时独热向量全为 0。由于每个主题的输出分数是一个实向量,因此与独热向量表示相比,它具有更多的语义信息。

(3) 向量拼接。假设一个句子的单词嵌入是 $E = (e_1, e_2, \cdots, e_n)$,其中 $e_i \in R^d$,$E \in R^{n \times d}$,n 是句子的长度,d 是嵌入的维度。类似地,我们将主题向量 H 定义为 $t \in R^m$,其中 m 是主题类型的数量。然后,我们通过将主题向量 H 与 E 连接起

来，将主题向量复制并扩展到 $T \in R^{m \times d}$，并生成 $G = H \| E$，其中 $G \in R^{(m+n) \times d}$。

(4) CNN 和 FastText 简介。具体来说，对于 CNN 模型，我们首先使用卷积层来捕获单词嵌入和主题向量之间的依赖关系，然后在潜在空间上执行标准的最大池化操作，最后使用 softmax 激活函数将先前的结果输入到全连接层以生成最终预测。

对于 FastText，我们分别使用一元文法(uni-gram)、二元文法(bi-gram)和三元文法(tri-gram)随机初始化嵌入向量矩阵。此外，我们还使用哈希函数将 bi-gram 和 tri-gram 映射到不同的表。然后，我们将 uni-gram/bi-gram/tri-gram 嵌入与主题向量连接起来，并使用 softmax 激活函数将它们输入到全连接层以生成最终预测。

3.2.3 实验分析

1. 数据集标注

本次实验采用 4 个数据集，分别是：Pheme[1]、微博[2]、Liar[3]和 DataFountain[4]。其中 Liar 和 DataFountain 已经标注主题类型。在 Liar 中有 17 个主题(移民、就业、竞选资金、联邦预算、经济、外交政策、选举、教育、医疗保健、犯罪、堕胎、儿童、候选人传记、能源、工作成就、州预算、税收)，而 DataFountain 中有 8 个主题(社会政治、科学研究、休闲体育、食品卫生、军事领域、教育及就业、经济新闻、社会生活)。

我们将首先介绍如何对 Pheme 和微博两个数据集进行主题标注，然后将给出实验设置，并在随后的 4 个数据集上提供我们在谣言检测和话题检测方面的实验结果。

1) 主题类别设置

由于微博语料库的多样性，微博数据集的主题数量大于仅关注突发新闻的 Pheme 数据集。我们分别为英文 Pheme 数据集定义了 13 个主题(复仇、劫持人质、警察监督、警察袭击、空难、休闲体育、无明显主题、社会政治、扩散转发、交通旅行、教育和就业、生活提示、科学研究)，为中文微博数据集定义了 16 个主题(表 3.1)。所有数据均采用 json(javascript object notation)格式统一标注。我们将主题出现次数太少的划分为其他类型。为清晰起见，图 3.2 给出了一个带有主题类型的中文虚假信息 JSON 格式标注实例。

---

[1] https://figshare.com/articles/PHEME_dataset_of_rumours_and_nonrumours/4010619

[2] http://alt.qcri.org/~wgao/data/rumdect.zip

[3] https://www.cs.ucsb.edu/~william/data/liar_dataset.zip

[4] https://www.datafountain.cn/competitions/422/datasets

表 3.1 细粒度主题类型

主题	描述	主题	描述
文娱体育	涉及明星、娱乐、体育等主题	突发事件	涉及爆炸、恐怖等突发事件
社会时政	涉及社会公共政策、法律等主题	交通出行	涉及天气等主题
国际领域	涉及国外的国际事件主题	自然灾害	涉及火灾、地震、台风等自然灾害主题
扩散转发	涉及扩散、转发、寻人等主题	科学研究	涉及科学研究成果主题
吏治反腐	涉及城管、官员、领导、红十字会等机构的经济、生活腐败等主题	卫生防疫	涉及动植物免疫、感染方面等主题
教育就业	涉及教育、就业等主题	财经新闻	涉及财政、金融类等主题
食品健康	涉及食品健康方面主题	军事领域	涉及军事主题
生活窍门	涉及日常生活小窍门主题	无明显主题	没有明确主题，如表情符号、乱码文字等

```
{"path":"C:\\Users\\Administrator\\Desktop\\文本分类标注任务
\\weiboMainText_withTopic\\0001.txt", "outputs":{"annotation":[{"class":{"id":1,"value":" 文娱体育"}}, {"class":
m{"id":2,"value":"空"}}, {"class":{"id":3,"value":"空"}}]},
"time_labeled":1564400766895, "labeled": non-rumor, "content":《献给爷爷奶奶的歌》 http://t.cn/h1R0Rj", "pic":"
pic001.jpg}
```

图 3.2 JSON 格式标注实例

2) 标注过程及质量控制

作者标注团队由一名语言学领域博士及两名硕士研究生组成。整个标注包含四个阶段：第一阶段，标注人员花费一周时间学习主题类型及 json 数据格式；第二阶段，标注者花一周时间独立对相同的 500 个篇章进行标注，再花一周时间交叉检查以解决差异并修订指南；第三阶段，标注者花三周时间对其余的 9966 个篇章进行标注；第四阶段，语言学博士花一周时间仔细校对所有 10466 个篇章。

为了保证扩展主题后的 Pheme 和微博语料库的质量，我们计算了标注一致性值。对于微博和 Pheme 数据集上的所有主题，两个标注者之间的一致性分别为 96.63%和 98.17%。这两个数据集的高度标注者一致性保证了语料库的质量和主题模式设计的合理性。

3) 主题分布

表 3.2～表 3.5 分别描述了 4 种语料库下对应的谣言和非谣言主题分布。Pheme 和微博的主题分布都偏向于一个类别(谣言或非谣言)。相比之下，Liar 数据集和 DataFountain 数据集上的主题分布具有轻微的不平衡性。

表 3.2 Pheme 数据集上主题分布的统计信息

第一层主题	第二层主题	所占比例/%	谣言比例/%	非谣言比例/%
复仇	复仇	34.63	22.50	77.50
劫持人质	劫持人质	20.63	43.65	56.35
警察监督	警察监督	19.56	24.76	75.24
警察袭击	警察袭击	15.33	52.28	47.72
空难	空难	8.01	51.18	48.82
休闲体育	休闲体育	0.95	3.64	96.36
其他	无明显主题	0.40	27.27	72.73
	社会政治	0.21	0.00	100.00
	扩散转发	0.10	0.00	100.00
	交通旅行	0.09	0.00	100.00
	教育和就业	0.07	0.00	100.00
	生活提示	0.01	100.00	0.00
	科学研究	0.01	0.00	100.00

表 3.3 Liar 数据集上主题分布的统计信息

主题	所占比例/%	谣言比例/%	非谣言比例/%
移民	5.00	49.43	50.57
就业	3.07	38.61	61.39
竞选资金	2.84	47.74	52.26
联邦预算	6.22	40.37	59.63
经济	14.26	35.44	64.56
外交政策	4.91	50.87	49.13
选举	7.024	4.92	55.08
教育	8.84	35.54	64.46
医疗保健	11.85	52.89	47.11
犯罪	5.32	39.14	60.86
堕胎	4.11	46.18	53.82
儿童	2.71	39.47	60.53
候选人传记	9.61	49.18	50.82

续表

主题	所占比例/%	谣言比例/%	非谣言比例/%
能源	4.13	48.44	51.56
工作成就	1.74	46.72	53.28
州预算	3.20	41.07	58.93
税收	5.17	41.44	58.56

表 3.4 微博数据集上主题分布的统计信息

第一层主题	第二层主题	所占比例/%	谣言比例/%	非谣言比例/%
文娱体育	文娱体育	33.17	27.93	72.07
社会时政	社会时政	16.38	57.46	42.54
国际领域	国际领域	14.04	53.89	46.11
扩散转发	扩散转发	12.03	68.27	31.73
吏治反腐	吏治反腐	9.20	90.21	9.79
教育就业	教育就业	4.40	23.90	76.10
食品健康	食品健康	3.69	70.35	29.65
其他	生活窍门	1.52	59.20	40.80
	突发事件	1.29	33.33	66.67
	交通出行	1.16	12.96	87.04
	自然灾害	1.03	85.42	14.58
	科学研究	0.49	34.78	65.22
	卫生防疫	0.49	65.22	34.78
	财经新闻	0.43	30.00	70.00
	无明显主题	0.41	31.58	68.42
	军事领域	0.27	30.77	69.23

表 3.5 DataFountain 数据集上主题分布的统计信息

主题	所占比例/%	谣言比例/%	非谣言比例/%
社会政治	3.67	46.01	53.99
科学研究	0.83	44.84	55.16
休闲体育	7.75	48.36	51.64
食品卫生	18.70	52.55	47.45

续表

主题	所占比例/%	谣言比例/%	非谣言比例/%
军事领域	1.10	40.59	59.41
教育及就业	2.67	56.49	43.51
经济新闻	4.30	47.63	52.37
社会生活	60.98	49.49	50.51

2. 基准模型

为了研究所提出框架的谣言检测和主题分类性能,我们分别选用如下基准模型进行算法性能对比。

1) 谣言检测基准模型

DT Rank:文献[6]提出了一种基于决策树的排序模型进行谣言检测。他们采用正则表达式搜索查询短语和聚类断言,并根据精心设计的特征对聚类结果进行排序。

BOW:我们从源帖子中抽取词语,并训练了一个用于谣言检测的 SVM 分类器。具体地说,对于中文数据集,我们分别使用了源帖子的一元文法(uni-gram)、二元文法(bi-gram)、三元文法(tri-gram)和句子分词信息。对于英文数据集,我们仅使用一元文法(uni-gram)。

RNN_Attention:文献[7]提出了一种基于深度注意力机制的 RNN 模型来检测谣言。实验中我们复现了该算法。

LSTM:文献[8]提出了一种基于 LSTM 的谣言检测模型。实验中我们复现了该算法。

CSI:文献[9]提出了一个捕获、评分和集成模型来检测虚假新闻。实验中我们采用该算法公开的源代码[①]。

GAN_RNN:文献[10]提出了一种基于对抗生成网络的谣言检测模型。实验中我们采用该算法公开的源代码[②]。

LDA_Topic:文献[11]提出了一种基于 LDA 的采用独热表示(one-hot)的 18 个话题向量来检测谣言。我们实现了他们的主题特征,并将这些主题类型特征分别集成到 CNN 和 FastText 框架中。

其他文本分类模型:由于我们从源微博的内容中检测谣言,并将谣言检测作

---

① https://github.com/sungyongs/CSI-Code

② https://github.com/majingCUHK/Rumor_GAN

为一个分类问题，因此可以将传统的基于文本分类或关系分类的模型作为基准模型。文献[4]提出了一个基于 CNN 的句子分类模型。文献[5]提出了一种简单有效的文本分类方法 FastText。相比之下，文献[12]提出了一种新的简单有效网络架构(即 Transformer)，完全基于注意力机制。实验中我们也复现了上述算法。

2) 主题分类模型

我们将源帖子的主题检测作为一个文本分类问题，并选用如下文本分类方法作为基准模型。

BOW：我们从源帖子中抽取词语，并训练了一个用于谣言检测的 SVM 分类器。

Bi-LSTM：文献[13]提出了一种递归神经网络，用于捕获长距离的语义关系进行文本分类。实验中我们复现了该算法。

Bi-LSTM_Attention：文献[14]提出了一个基于注意力的关系分类 RNN 框架。事实上，注意力是每个隐藏层输出的加权平均值。实验中我们复现了该算法。

CNN：文献[4]提出了一个基于 CNN 的句子分类模型。实验中我们复现了该算法。

FastText：文献[5]提出的一种文本分类高效模型。实验中我们复现了该算法。

3. 实验设置

对于 CNN 模型，我们采用了三种区域的滤波器：2、3 和 4，每个区域有 2 个滤波器。批量大小(batch_size)设置为 128，隐藏层数设置为 2，dropout 概率设置为 0.5，学习率设置为 0.001，句子的最长单词个数设置为 32。对于 FastText 模型，n 元文法(n-gram)的词汇大小设置为 250499，隐藏层中的神经元数量设置为 256，其余参数(单次传递给程序用以训练的参数个数、dropout 概率、学习率、最大单词长度和隐藏层数量)的设置与 CNN 相同。我们对 Pheme、微博和 DataFountain 采用5-倍交叉验证，在 Liar 数据集采用默认的训练集和测试集划分进行实验。

此外，我们还使用了预训练好的 300 维词嵌入[①]和 300 维 word2vec 词嵌入[②]分别表示英文和中文数据集，利用 jieba[③]进行中文分词。对于 transformer 模型，头的数量设置为 5，编码器的数量设置为 2，批量大小、dropout 概率、句子的最大单词数、隐藏层的神经元数量设置与 CNN 相同。此外，我们还使用默认参数设置下的 Sklearn[④]实现了 DT-Rank，采用默认参数设置下的 LibSVM[⑤]作为 SVM

[①] https://nlp.stanford.edu/projects/glove/

[②] https://github.com/Embedding/Chinese-Word-Vectors

[③] https://pypi.org/project/jieba/

[④] https://scikit-learn.org/stable/

[⑤] https://www.csie.ntu.edu.tw/~cjlin/libsvm/

工具,以及采用 pyTorch[①]实现深度学习模型。我们采用交叉熵作为所有深度学习模型的损失函数,并使用 Adam[15]作为自适应动量估计方法来优化所提出的模型参数。

4. 实验结果及分析

1) 谣言检测性能

表 3.6～表 3.9 分别展示了本节模型与基准模型在谣言检测方面的性能。可以明确我们的模型在两个英文和两个中文基准数据集上的正确度指标均优于其他十种基准模型。

表 3.6　Pheme 数据集上谣言检测性能

模型	类别	正确率	准确率	召回率	F1 值
DT-Rank	R N	0.5921	0.3820 0.6765	0.3194 0.7329	0.3468 0.7032
BOW	R N	0.6601	0.0000 0.6601	0.0000 **1.0000**	0.0000 0.7951
RNN_Attention	R N	0.7741	0.6376 **0.8835**	**0.8144** 0.7526	**0.7152** 0.8129
LSTM	R N	0.6871	0.0000 0.6871	0.0000 **1.0000**	0.0000 0.8145
CSI	R N	0.3399	0.0000 0.3399	0.0000 **1.0000**	0.0000 0.5070
FastText	R N	0.6601	0.0000 0.6601	0.0000 **1.0000**	0.0000 0.7951
Transformer	R N	0.6040	0.1676 0.6369	0.2355 0.7811	0.1585 0.6361
GAN_RNN	R N	0.7363	0.6626 0.7788	0.4782 0.8607	0.5080 0.8140
CNN_text	R N	0.7941	0.7642 0.8051	0.5644 0.9108	0.6441 0.8540
CNN_text+预测 LDA 主题	R N	0.7673	0.6862 0.8244	0.6637 0.8223	0.6659 0.8188
本节模型 (标准主题)	R N	0.8135*	0.7777 0.8275	0.6338 0.9067	0.6973 0.8650
本节模型 (预测主题)	R N	**0.8266***	**0.8133** 0.8314	0.6355 **0.9249**	0.7130 **0.8755**

注:R 代表谣言;N 代表非谣言;通过显著性测试用*表示。

---

① https://pytorch.org/

表 3.7　Liar 数据集上谣言检测性能

模型	类别	正确率	准确率	召回率	F1 值
DT-Rank	R N	0.5143	0.5753 0.4138	**0.6180** 0.3715	**0.5959** 0.3915
BOW	R N	0.5794	0.0000 0.5794	0.0000 **1.0000**	0.0000 **0.7337**
RNN_Attention	R N	0.5781	0.4986 0.6430	0.5325 0.6112	0.5150 0.6267
LSTM	R N	0.5807	0.5333 0.5817	0.0248 0.9843	0.0473 0.7312
CSI	R N	0.5794	0.0000 0.5794	0.0000 **1.0000**	0.0000 **0.7337**
FastText	R N	0.6068	0.5533 0.6252	0.3375 0.8022	0.4192 0.7028
Transformer	R N	0.5664	0.4695 0.5927	0.2384 0.8045	0.3162 0.6826
GAN_RNN	R N	0.5919	0.5023 0.6364	0.4068 0.7203	0.4495 0.6758
CNN_text	R N	0.6120	0.5899 0.6169	0.2539 0.8719	0.3550 0.7225
CNN_text+预测 LDA 主题	R N	0.6133	0.5401 **0.6667**	0.5418 0.6652	0.5410 0.6659
本节模型 (标准主题)	R N	**0.6224***	0.5563 0.6632	0.5046 0.7079	0.5292 0.6848
本节模型 (预测主题)	R N	0.6146	**0.5957** 0.6188	0.2601 0.8719	0.3621 0.7239

注：R 代表谣言；N 代表非谣言；通过显著性测试用*表示。

表 3.8　微博数据集上谣言检测性能

模型	类别	正确率	准确率	召回率	F1 值
DT-Rank	R N	0.6076	0.6038 0.6120	0.6088 0.6065	0.6059 0.6088
BOW	R N	0.7436	0.7153 0.7808	0.8032 0.6857	0.7562 0.7294
RNN_Attention	R N	0.5290	0.5219 0.6250	**0.9497** 0.0879	0.6736 0.1541
LSTM	R N	0.6013	0.5741 0.6490	0.7413 0.4651	0.6471 0.5419
CSI	R N	0.4959	0.0000 0.4959	0.0000 **1.0000**	0.0000 0.6630
Transformer	R N	0.5041	0.0000 0.5041	0.0000 **1.0000**	0.0000 0.6372

续表

模型	类别	正确率	准确率	召回率	F1 值
GAN_RNN	R N	0.7649	0.7457 0.7859	0.7805 0.7503	0.7622 0.7671
CNN_text	R N	0.7301	0.7313 0.7389	0.7388 0.7231	0.7314 0.7260
FastText	R N	0.8501	0.8464 0.8383	0.8330 0.8511	0.8396 0.8446
FastText+预测 LDA 主题	R N	0.8544	**0.8863** 0.8280	0.8107 0.8974	0.8467 0.8612
本节模型 (标准主题)	R N	**0.8671***	0.8703 0.8640	0.8603 0.8737	**0.8652** **0.8688**
本节模型 (预测主题)	R N	0.8645*	0.8672 0.8349	0.8240 0.8759	0.8450 0.8549

注：R 代表谣言；N 代表非谣言；通过显著性测试用*表示。

表 3.9　DataFountain 数据集上谣言检测性能

模型	类别	正确率	准确率	召回率	F1 值
DT-Rank	R N	0.7131	0.7054 0.7215	0.7283 0.6981	0.7166 0.7096
BOW	R N	0.8864	**0.9792** 0.8248	0.7886 0.9834	0.8732 0.8970
RNN_Attention	R N	0.9152	0.8987 0.9333	0.9352 0.8954	0.9165 0.9138
LSTM	R N	0.9079	0.9010 0.9153	0.9156 0.9001	0.9081 0.9075
CSI	R N	0.5018	0.0000 0.5018	0.0000 **1.0000**	0.0000 0.6683
Transformer	R N	0.5018	0.0000 0.5018	0.0000 **1.0000**	0.0000 0.6683
GAN_RNN	R N	0.8190	0.7947 0.8387	0.7955 0.8371	0.7948 0.8377
CNN_text	R N	0.5018	0.0000 0.5018	0.0000 **1.0000**	0.0000 0.6683
FastText	R N	0.9554	0.9565 0.9547	0.9538 0.9570	0.9550 0.9558
FastText+预测 LDA 主题	R N	0.9567	0.9663 0.9481	0.9461 0.9673	0.9559 0.9575
本节模型 (标准主题)	R N	**0.9651***	0.9697 0.9609	0.9598 0.9703	**0.9646** **0.9655**
本节模型 (预测主题)	R N	0.9622*	0.9561 **0.9686**	**0.9685** 0.9559	0.9622 0.9622

注：R 代表谣言；N 代表非谣言；通过显著性测试用*表示。

具体而言，在英语数据集 Pheme 和 Liar 上，可以得出：我们的模型在正确率和精确率指标方面表现最好。在十种基准模型中，CSI 在正确率方面表现最差。由于 CSI 捕获了给定文章上用户活动的时间模式，因此仅根据其源微博来确定帖子是否是谣言比较欠缺。尽管最简单的 BOW 模型在准确性方面优于 DT-Rank，但它只能在 Pheme 和 Liar 数据集的非谣言类型检测上达到 0.7951 和 0.7337 的 F_1 值。这表明基本的词特征可以有效地对非谣言类型进行鉴别。

在六个具有代表性的基于深度学习的模型(即 CNN、LSTM、RNN_Attention、GAN_RNN、transformer 和 FastText)中，CNN 模型在所有四个评估指标方面都优于其他模型。正如预期，在不使用转发或回复源帖子的情况下，GAN 模型仅在源帖子上的性能急剧下降。然而，CNN 模型能够以 0.7642 的准确率检测谣言，并且能够在 Pheme 数据集上以 0.9108 的召回率检测非谣言。这表明 CNN 可以成功提取高层次的鉴别特征。与 CNN 相比，LSTM 只能检测 Pheme 数据集上的非谣言类型。这是因为序列信息对源谣言检测没有太大帮助。由于谣言或非谣言的特征无法通过帖子中的特定词语体现出来，因此带有注意力机制的 transformer 在谣言检测方面表现不佳。在将主题向量融入 CNN 框架后，我们在所有大多数评价指标上都获得了最佳性能。这表明主题对谣言检测的重要性。预测主题的性能高于标准主题的原因是标准主题向量是用一种独热(one-hot)风格表示的，而预测主题向量是 CNN 输出的 softmax 类型实数向量，拥有更多的语义信息来表示不同主题之间的差异。

在中文微博和 DataFountain 数据集上，我们可以得出类似的结论：我们的模型在两个评价指标(即准确率和 F1)方面表现最好。在十种基准模型中，CSI 在性能方面表现最差。原因是源微博没有包含太多关于给定文章的用户活动的时间模式。在六种具有代表性的基于深度学习的模型(即 CNN、LSTM、RNN_Attention、GAN_RNN、transformer 和 FastText)中，FastText 在微博和 DataFountain 数据集上的表现最好。这表明 FastText 可以成功提取基本的一元文法/二元文法/三元文法和词序信息，而 CNN 只能提取源帖子的局部特征。同样，由于源帖子的数量不多，GAN-RNN 模型无法在源微博上发挥重要作用。类似地，在将主题类型合并到基于 FastText 的模型中之后，我们模型获得了最佳性能。

此外，在英文 Pheme 数据集上，四个基准模型(即 BOW、LSTM、CSI 和 FastText)在非谣言类型上获得 1.0 的召回率，并且无法检测谣言类型。在英文 Liar 数据集上，BOW 和 CSI 也可以观察到类似的结果。由于 CSI 仅捕获给定文章上用户活动的时间模式，因此它仅根据其源微博时缺乏交互信息，从而导致性能较低。由于汉语与英语相比，汉语具有丰富的语义表示，因此 BOW 模型在两个英文数据集上的表现并不理想。相反，BOW 可以在两个中文数据集上获得非常好的性能。由于谣言不能通过在源帖子中使用一些有代表性的词语来体现，因此

Transformer 中的注意机制无助于谣言检测。

汉语和英语的特点是不同的。与英语相比，汉语中的词序和细粒度词的语义表征更为重要。由于 FastText 可以获得更多的中文局部信息(即词序)，因此它在中文数据集上表现良好。相比之下，CNN 无法保留词序信息，导致英文数据集检测性能低下。考虑到中文和英文的上述不同特点，我们的模型在中文使用 FastText 和英文使用 CNN 上时可以获得最佳性能。通过集成源帖子的主题分布信息，可以进一步提高谣言检测性能。

2) 主题分类性能

表 3.10 显示了我们模型与基准模型在主题分类方面的性能。其中，BOW 为采用字符级别下的性能。我们可以看出 CNN 在两个中文和两个英文数据集以及所有其他评价指标上都具有最佳的主题分类性能。由于 Liar 数据集的主题非常接近，均为政治方面主题，导致在 Liar 数据集上的主题分类性能较低。总体而言，主题检测的性能都可以作为后续改进工作的基准。

表 3.10 主题分类性能

模型	正确度	准确率	召回率	F1 值
Pheme 数据集				
BOW	0.3462	0.1200	0.3462	0.1782
Bi-LSTM	0.3462	0.1200	0.3462	0.1782
Bi-LSTM_Attention	0.3032	0.1513	0.3032	0.1625
FastText	0.3462	0.1200	0.3462	0.1782
CNN	0.7365	0.7295	0.7352	0.7309
Liar 数据集				
BOW	0.1367	0.0187	0.1367	0.0329
Bi-LSTM	0.2904	0.3135	0.2904	0.2913
Bi-LSTM_Attention	0.3073	0.3025	0.3073	0.2887
FastText	0.3346	0.3546	0.3346	0.2922
CNN	0.3424	0.3423	0.3424	0.3314
微博数据集				
BOW	0.3559	0.3454	0.3559	0.2111
Bi-LSTM	0.4736	0.4694	0.4736	0.4280
Bi-LSTM_Attention	0.5832	0.5708	0.5832	0.5618
FastText	0.6726	0.6737	0.6726	0.6656
CNN	0.7091	0.7050	0.7091	0.7010

模型	正确度	准确率	召回率	F1 值
DataFountain 数据集				
BOW	0.7376	0.7156	0.7376	0.6784
Bi-LSTM	0.8822	0.8796	0.8822	0.8759
Bi-LSTM_Attention	0.8930	0.8924	0.8930	0.8901
FastText	0.9156	0.9148	0.9156	0.9134
CNN	0.9176	0.9177	0.9176	0.9158

3.3 基于全局语义信息的谣言检测模型

3.3.1 背景

随着移动互联网技术的迅猛发展和移动设备的普及，人们越来越容易在社交媒体中表达他们的观点。社交媒体平台的开放性和便利性为人们广开言路的同时也由于假消息在社交媒体上的传播带来了新的社会问题。本节中谣言的定义是一条陈述或故事在发布时其真实性是未知的或是故意虚假的[16]。虚假谣言在社交媒体上的广泛传播会引起公众的恐慌和损害个人声誉。比如，2013 年 4 月 23 日①，一名黑客入侵了美联社推特账号并发布了一条突发新闻称白宫发生了两起爆炸奥巴马受伤。该条推文几分钟内在社交媒体中广泛传播，引起公众的极大恐慌并导致美国股市剧烈震荡。因此亟须自动谣言检测技术准确、及时地检测谣言。

早期大部分谣言检测方法利用特征工程方法从文本内容[17-19]、用户信息[17,20]和传播模式[21-23]中挖掘有辨别性的特征。其中一类方法结合了不同类型的特征[6]或不同类型特征的时间变化[24]来检测谣言。Castillo 等[17]提出了一系列特征用来检测谣言，这些特征可分为基于消息、用户、主题和传播的特征。Ma 等[25]提出了一种新奇的方法，该方法通过跟踪谣言整个生命周期的方式来捕获社交上下文特征在时序上的变化特征。另一类方法利用从谣言的源推文传播中提取的拓扑结构[11]特征来检测谣言。Ma 等[23]提出了一种带核函数的 SVM 分类器，该分类器利用基于树的核函数来计算传播拓扑树的相似性以识别谣言。近来受深度神经网络在许多自然语言任务(如情感分析、机器翻译和文本分类)中进行特征提取的启发，一些研究者通过利用神经网络来捕获谣言源推文传播的时间结构信息[27]或拓扑结构信息[28]来检测谣言。Ma 等[27]探索了一种基于循环神经网络的方法来捕获源推文和其回复性推文的语义变化且根据语义变化进行谣言类别预测，该工作是第一篇利

---

① https://www.cnbc.com/id/100646197

用深度神经网络模型方法来捕获源推文传播的时序语义表示。进一步，Ma 等[28]提出了一种基于树结构的递归神经网络模型来捕获源推文传播的语义信息和传播线索以检测谣言。Liu 等[29]将源推文传播建模为用户特征的序列表示，然后提出了一种由循环神经网络和卷积神经网络构成的传播路径分类器(propagation path classification，PPC)来检测谣言。Yuan 等[30]提出了一个全局-局部注意力网络(global-local attention Network，GLAN)来捕获源推文传播拓扑树的全局结构特征和局部语义特征以进行谣言检测。另一些研究者[9]探索了一个由三个模块组成的检测框架以从文本内容、用户简介和谣言传播模式中捕获有效信息用于谣言的检测。Huang 等[31]利用图卷积网络对由用户行为形成的用户图进行建模以获得用户信誉表示，并将其与桥连文本语义和传播线索的传播树表示结合以判别谣言类型。上述方法最主要的缺陷是忽视了文本内容中的全局语义关联信息，而该信息在文献[32]中被证明是有用的。

事实上社会心理学家认为，当情况不明朗、存在潜在威胁或者人们需要安全感时，谣言就会在这种模棱两可的情况下流行起来。因此，谣言的文本内容往往包含更多的歧义性和恐吓性词语以促进谣言的广泛传播。然而，以往的谣言检测方法大多关注谣言传播文本内容的局部语义关联，而忽视了不同谣言文本内容之间的全局语义关联。

本节提出了一种新奇的基于元路径的异构图注意力网络框架来捕获文本内容的全局语义关联信息并融合源推文传播蕴含的信息以检测谣言。首先，本节基于谣言源推文文本内容及其传播过程构建了一个如图 3.3 所示的推文-词项-用户异质图。异质图中节点包括词项集合、推文集合和用户集合。词项间的边(即短画线虚边)根据词项间的共现信息构建。词项与推文间的连边(即实线边)由词项频率和词项在推文中出现的频率共同决定。(源)推文与用户间的连边(即圆点虚边)根据用

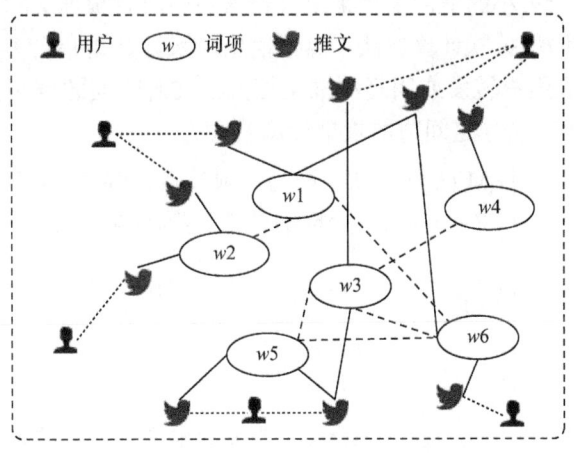

图 3.3 推文-词项-用户异质图

户转发或回复与源推文相关推文的行为来构建。异质图的详细构建过程见3.3.2节。之后，基于推文-词项和推文-用户元路径将异质图分解为推文-词项子图和推文-用户子图并利用子图注意力网络来学习节点的表示。最后，本节引入了注意力机制来融合子图中节点的表示以检测谣言。

3.3.2 算法模型

首先我们将介绍推文-词项-用户异质图的构建方法，并形式化定义异质图中的谣言检测问题。

1. 预先准备

1) 推文-词项-用户异质图

本节中我们将谣言数据构建为一个推文-词项-用户异质图，该图包含了谣言文本内容和源推文传播过程中蕴含的信息，其结构如图3.3所示。对于构建的推文-词项-用户异质图 $G=(V,E)$，其中 V 和 E 分别表示图的节点集合和边集合。节点集合 V 由源推文集合 T、源推文所包含的词项集合 W 和用户集合 U 组成。边集合 E 包含三类边：推文-词项连边 E_{tw}、词项间连边 E_{ww} 和推文-用户连边 E_{tu}。其中 E_{tw} 描述了推文包含词项的关系信息，E_{ww} 表示了词项间的语义关联信息，而 E_{tw} 反映了用户与推文间的交互信息。

具体地，本节利用源推文中词项出现的频率来构建边集合 E_{tw}，利用词项间的共现频率来构建边集合 E_{ww} 和利用用户转发或回复源推文相关推文的行为信息来构建边集合 E_{tu}。边集合 E_{tw} 中的权重由词项在推文中的词项-逆文档频率(TF-IDF)计算得到，其中词项频率指词项在源推文中出现的次数，逆文档频率表示包含该词项的推文在所有推文中的占比。为了计算词项的全局共现信息，本节设计了一个固定大小的滑动窗口来统计数据集中所有源推文的词项共现信息。并且利用通用的词项关联计算方法——点互信息[33]来计算边集合 E_{ww} 中的权重。边集合 E_{tu} 的权重取用户转发或回复源推文相关推文时间与源推文发布时间差的倒数。图中节点 i 和节点 j 之间边的权重计算公式为

$$A_{i,j} = \begin{cases} \text{PMI}(i,j), & i,j\text{均为词项节点，PMI}(i,j)>0 \\ \text{TF}-\text{IDF}_{i,j}, & i\text{为推文节点，}j\text{为词项节点} \\ \dfrac{1}{t+1}, & i\text{为推文节点，}j\text{为用户节点} \\ 1, & i=j \\ 0, & \text{其他} \end{cases} \quad (3\text{-}1)$$

其中，t 表示用户 j 转发或回复与源推文 i 相关的推文时间与源推文发布时间的差值(以秒为单位)。词项对 i 和 j 的 PMI 值[34]计算公式如下：

$$\text{PMI}(i,j) = \log\frac{p(i,j)}{p(i)p(j)}$$

$$p(i,j) = \frac{\#W(i,j)}{\#W} \tag{3-2}$$

$$p(i) = \frac{\#W(i)}{\#W}$$

其中，$\#W(i,j)$ 表示滑动窗口中同时包含词项 i 和 j 的数量，$\#W$ 表示数据集中滑动窗口的总数，$\#W(i)$ 表示包含词项 i 的滑动窗口的数量。推文 i 和词项 j 的 TF–IDF 值计算公式为

$$\text{TF–IDF}_{ij} = \text{TF}_{ij} \times \text{IDF}_j$$

$$\text{TF}_{ij} = \frac{n_{ij}}{\sum_k n_{ik}} \tag{3-3}$$

$$\text{IDF}_j = \log\frac{|T|}{|\{k : w_j \in t_k\}|}$$

其中，n_{ij} 表示词项 j 在推文 i 中出现的次数，$|T|$ 表示数据集中推文的总数，$|\{k : w_j \in t_k\}|$ 表示包含词项 j 的推文数量。

2) 推文-词项-用户异质图中的子图

为了捕获谣言文本内容的全局语义信息和源推文传播过程中蕴含的信息，本节根据推文-词项和推文-用户元路径将异质图分解为推文-词项子图和推文-用户子图。

(1) 推文-词项子图。推文-词项子图中的节点集合由异质图中的推文集合和词项集合组成；推文和词项构建的边集合与异质图中的边集合一致。

(2) 推文-用户子图。推文-用户子图中的节点集合由异质图中的推文集合和用户集合组成；边集合与异质图中由推文与用户节点构建的边集合一致。

3) 问题定义

给定构建的推文-词项-用户异质图 $G = (V, E)$，其中 $V = \{T, W, U\}$ 和 $E = \{E_{\text{tw}}, E_{\text{ww}}, E_{\text{tu}}\}$ 分别表示图的节点集合和边集合。$T = \{t_1, t_2, \cdots, t_n\}$ 表示源推文的集合，其中 n 表示谣言的数量。W 表示源推文中包含的所有词项集合，即 $W = \{w_1, w_2, \cdots, w_W\}$。$U$ 表示社交媒体用户集合。E_{tw}、E_{ww} 和 E_{tu} 分别表示推文与词项间、词项与词项间和推文与用户间的边集合。

谣言检测的目标是学习一个映射函数 $p(c|t_i, G; \theta)$ 计算源推文 t_i 属于类别 c 的概率，其中 c 和 θ 分别表示类别标签和模型待学习的参数。

2. 具体模型

本节提出了一个异质图注意力网络框架来解决异质图中的谣言检测问题。模型框架如图 3.4 所示,该框架由子图注意力网络和图级注意力组成。子图注意力网络类似于图注意力网络[35],利用一个注意力机制来捕获节点的全局关联信息。图级注意力引入了一个注意力机制,融合不同子图中的源推文表示以检测谣言。

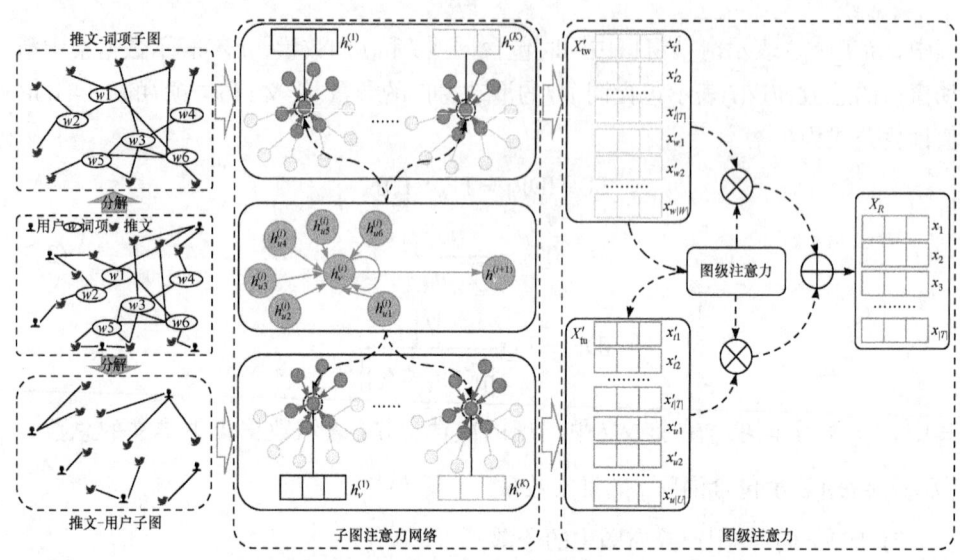

图 3.4 异质图注意力网络谣言检测框架

1) 子图注意力网络

考虑到子图中每个节点的邻居节点对学习用于谣言检测表示的权重不同和受启发于图注意力网络[35],本节提出了一个子图注意力网络,该网络利用一个注意力机制来学习每个节点邻居的重要性权重,然后以重要性权重加权聚合每个节点的邻居表示得到每个节点的更新表示。

在本节构建的推文-词项-用户异质图中,词项集合 W 表示为 $X_W = \left\{ x_{w_1}, x_{w_2}, \cdots, x_{w_{|W|}} \right\}$,其中 $x_{w_i} \in \mathbb{R}^N$,为词项 w_i 的词嵌入表示,N 表示词嵌入表示的维度。推文集合 T 表示为 $X_T = \left\{ x_{t_1}, x_{t_2}, \cdots, x_{t_{|T|}} \right\}$,其中 $x_{t_i} \in \mathbb{R}^N$,每条推文 t_i 的表示 x_{t_i} 由该推文包含的所有词项表示的平均值计算得到,即 $x_{t_i} = \frac{1}{|t_i|} \sum_{w_j \in t_i} x_{w_j}$。用户集合 U 表示为 $X_U = \left\{ x_{u_1}, x_{u_2}, \cdots, x_{u_{|U|}} \right\}$,其中 $x_{u_i} \in \mathbb{R}^F$,每个用户 u_i 的表示 x_{u_i} 可由他们的用户行为和用户信息抽取特征得到,F 表示用户特征的维度。如果用户 u_i 的特征表示无法捕获,则本节采用均匀分布对用户特征

表示进行初始化。依照上述节点表示方法，在推文-词项子图中不同的节点映射在同一特征空间中，而对于推文-用户子图中的不同节点其映射在不同的特征空间中。因此，对于推文-用户子图中的推文和用户节点，本节设计了两个转换矩阵 M_{Φ_t} 和 M_{Φ_u} 将推文节点和用户节点的表示映射至同一特征空间中，映射过程形式化为

$$X'_{T(U)} = M_{\Phi_t} \cdot \left(X_{T(U)} + X^0_{T(U)}\right) \tag{3-4}$$

其中，$X^0_{T(U)} \in \mathbb{R}^{|T|(|U|) \times N(F)}$ 表示随梯度更新的动态向量，$X'_{T(U)}$ 和 $X_{T(U)}$ 分别表示推文-用户子图中推文(用户)表示映射前和映射后的表示。通过使用转换矩阵，本节提出的子图注意力网络能处理节点表示映射至不同特征空间的异质图。

经过映射之后，推文-词项子图中的节点可表示为 $X_{\text{tw}} = \{x_{t_1}, x_{t_2}, \cdots, x_{t_{|T|}}, x_{w_1}, x_{w_2}, \cdots, x_{w_{|W|}}\}$，其中 $x_{t_i} \in X_T, x_{w_i} \in X_W$。推文-用户子图中的节点可表示为 $X_{\text{tu}} = \{x_{t_1}, x_{t_2}, \cdots, x_{t_{|T|}}, x_{u_1}, x_{u_2}, \cdots, x_{u_{|U|}}\}$，其中 $x_{t_i} \in X'_T, x_{u_i} \in X'_U$。之后，利用一个自注意力机制[12]计算子图中每个节点的权重系数。给定子图中的节点对 (i, j)，自注意力函数 f 能学习到刻画节点 j 对节点 i 的重要程度的注意力系数 $e_{i,j}$。节点对 (i,j) 的注意力系数 $e_{i,j}$ 计算公式如下：

$$e_{i,j} = f(Wx_i, Wx_j), \quad x_i, x_j \in X_{\text{tw(tu)}} \tag{3-5}$$

其中，自注意力函数 f 可由权重向量为 a 和以 LeakyRELU[36]为激活函数的单层前馈神经网络实现。W 表示可共享的权重转换矩阵。之后本节利用掩码注意力机制将子图的结构信息引入模型中，这意味着模型只需计算节点 $j \in N_i$ 的注意力权重系数 $e_{i,j}$，其中 N_i 表示子图中节点 i 的邻居节点集合(包括节点 i 自身)。得到子图中节点对的权重得分后，本节利用 softmax 函数对其归一化得到系数 $\alpha_{i,j}$，表示为

$$\alpha_{i,j} = \text{softmax}(e_{i,j}) = \frac{\exp\left(\delta\left(a^{\text{T}} \cdot [Wx_i \| Wx_j]\right)\right)}{\sum_{k \in N_i} \exp\left(\delta\left(a^{\text{T}} \cdot [Wx_i \| Wx_k]\right)\right)} \tag{3-6}$$

其中，δ 表示激活函数，在本节实验部分采用 LeakyRELU 函数作为激活函数。a 表示神经网络的权重向量，$\cdot^{\text{T}}$ 表示转置操作，$\|$ 表示级联操作。接下来以相应的系数相乘方式集成子图节点 i 的邻居节点表示以更新节点 i 的向量表示，具体为

$$x_i^{(1)} = \delta\left(\sum_{j \in N_i} \alpha_{i,j} W x_j\right) \tag{3-7}$$

其中，$x_i^{(1)}$ 表示节点 i 更新后的嵌入表示，$\sigma(\cdot)$ 表示非线性函数，W 表示与公式(3.5)相似的权重矩阵，N_i 表示包含节点 i 及其邻居节点的集合。最后，本节和图注意力网络[35]一样将自注意力机制扩展为多头注意力以学习一个更稳定的节点嵌入表示。具体地，我们执行了 K 次由公式(3.7)计算的转换且将它们学习到的表示级联得到最后输出表示为

$$x_i' = \|_{k=1}^{K} \delta\left(\sum_{j \in N_i} \alpha_{i,j}^k W^k x_j\right) \tag{3-8}$$

其中，$\|$ 表示级联操作，$\alpha_{i,j}^k$ 表示由第 k 个注意力机制(f_k)得到的归一化权重系数，W^k 表示对应的输入线性转换器的权重矩阵。

因此，给定推文-词项子图的节点表示 X_{tw} 和推文-用户子图的节点表示 X_{tu}，将其输入到子图注意力网络可得到蕴含全局关联信息的推文-词项子图节点表示 $X_{tw}' = \left\{x_{t_1}', x_{t_2}', \cdots, x_{t_{|T|}}', x_{w_1}', x_{w_2}', \cdots, x_{w_{|W|}}'\right\}$ 和推文-用户子图节点表示 $X_{tw}' = \left\{x_{t_1}', x_{t_2}', \cdots, x_{t_{|T|}}', x_{u_1}', x_{u_2}', \cdots, x_{u_{|U|}}'\right\}$。

2) 图级注意力

根据不同元路径分解异质图得到的子图包含不同的信息。推文-词项子图包含了文本内容中的全局语义信息，而推文-用户子图则蕴含着源推文传播过程中的结构信息。为了正确地识别谣言，需要将两个子图中包含的信息进行融合。为此，本节设计了一个新奇的图级注意力机制来学习不同子图的权重系数以进行谣言检测。给定子图节点表示 X_{tw}' 和 X_{tu}' 作为图级注意力模块输入，推文-词项和推文-用户子图的权重系数计算公式表示为

$$(\beta_{tw}, \beta_{tu}) = \text{att}_{sub}(X_{tw}', X_{tu}') \tag{3-9}$$

其中，att_{sub} 表示实现子图级注意力的前馈神经网络。

为了学习推文-词项和推文-用户子图的权重，本节首先利用一个非线性转换器(如单层感知机)转换子图中的节点表示，然后计算转换后的节点表示与子图级注意力向量 a 的相似度作为节点的重要性权重。进一步地，计算子图中所有节点的重要性权重平均值作为整个子图的重要性权重。推文-词项(推文-用户)子图的重要性权重 $w_{tw(tu)}$ 的计算公式表示为

$$w_{tw(tu)} = \frac{1}{\left|X_{tw(tu)}'\right|} \sum_{x_i \in X_{tw(tu)}'} a^T \cdot \tanh(W_{sub} x_i) \tag{3-10}$$

其中，权重矩阵 W_{sub} 和图级注意力向量 a 由推文-词项和推文-用户子图共享。得

到子图重要性权重后，本节利用一个 softmax 函数对不同子图的重要性权重归一化。推文-词项(推文-用户)子图的权重 $\beta_{\text{tw(tu)}}$ 可由两个子图的权重归一化计算得到，即

$$\beta_{\text{tw(tu)}} = \frac{\exp(w_{\text{tw(tu)}})}{\sum_{\phi \in \{\text{tw,tu}\}} \exp(w_\phi)} \tag{3-11}$$

最后，利用学习到的子图权重系数，本节融合不同子图的推文节点表示得到源推文的表示 X_T，计算公式为

$$\begin{aligned} X_T &= \left\{ x_1, x_2, \cdots, x_{|T|} \right\} \\ x_i &= \sum_{\phi \in \{\text{tw,tu}\}} \beta_\phi \cdot x_{t_i}, x_{t_i} \in X'_\phi \end{aligned} \tag{3-12}$$

其中，$|T|$ 表示数据集中源推文的总数，x_{t_i} 表示子图 ϕ 中推文节点 i 的蕴含全局关联信息表示，X'_ϕ 表示子图 ϕ 中所有节点的蕴含关联信息的表示。

3) 谣言检测

本节利用带有 softmax 归一化函数的单层前馈神经网络对源推文表示 X 进行分类得到源推文的类别概率分布，形式化公式表示为

$$p(c \mid t_i, G; \theta) = \text{softmax}(\text{FNN}(x_i)), \quad x_i \in X_T \tag{3-13}$$

为了学习模型的参数，本节利用交叉熵损失和正则项作为模型的优化目标函数，目标函数表达式为

$$\mathcal{L} = -\sum_{i \in |T|} y_i p(c \mid t_i, G; \theta) + \lambda \|\theta\|_2^2 \tag{3-14}$$

其中，y_i 表示第 i 条源推文的真实独热编码向量，λ 表示交叉熵损失与正则项间的平衡系数，$\|\cdot\|_2^2$ 表示用于防止模型过拟合的 L_2 正则项。

3.3.3 实验分析

1) 数据集

本节在两个公开可获取的推特数据集上进行实验。两个数据集均由 Ma 等[23]收集整理，记为 Twitter15 和 Twitter16。Twitter15 和 Twitter16 数据集分别包含了 1490 和 818 谣言源推文，数据集的统计信息如表 3.11 所示。数据集中每条源推文均被标记为非谣言、假谣言、真谣言或未知谣言[37]。为了保证模型比较的公正性，本节采用与基准方法[29,30]一致的设置，即随机选取数据集中 10%的数据作为验证集用于模型的选择，剩余数据以 3∶1 的比例划分为训练集和测试集。由于原始数

据集中不含用户简介信息,本节利用 TwitterAPI[①] 收集与源推文相关的所有用户简介信息。

表 3.11 数据集信息统计表

统计量	Twitter15	Twitter16
源推文数	1,490	818
用户数	276,663	173,487
推文数	331,612	204,820
非谣言数	374	205
假谣言数	370	205
真谣言数	372	207
未知谣言数	374	201

2) 基准模型

本节将所提框架与以下谣言检测基准方法进行了比较。

(1) DTR:利用正则表达式从推特数据流中抽取谣言聚类,之后利用决策树模型对谣言聚类排序判别谣言类型[6]。

(2) DTC:利用由特征工程方法抽取的推文统计特征训练决策树分类器[17]。

(3) RFC:利用 3 个适配参数作为时序特征和一组从用户、内容和结构属性抽取的手工特征的随机森林分类器[24]。

(4) SVM-TS:利用手工上下文特征在时序上变化的线性 SVM 分类器[26]。

(5) SVM-HK:使用以基于随机游走图核函数和 RBF 核函数组成的混合核函数为核函数的 SVM 分类器[11]。

(6) SVM-TK:利用以树核函数计算传播树结构的相似度为 SVM 的分类器用于谣言检测[23]。

(7) GRU-RNN:利用带有 GRU 单元的循环神经网络建模相关推文的时序特征以检测谣言[27]。

(8) BU-RvNN 和 TD-RvNN:基于传播树遍历方向的递归神经网络模型捕获谣言的传播线索和文本语义信息[28]。

(9) PPC:由循环和卷积神经网络构成的传播路径分类器建模谣言传播的用户特征序列[29]。

(10) GLAN:用于捕获推文传播的局部语义关联和全局结构信息的全局—局

---

① https://dev.twitter.com/rest/public

部注意力网络[30]。

3) 实验设置

为了公平地比较，本节采用所有类的微平均准确率(记为 Acc)和每类与精确率和召回率相关的 F_1 值评价模型的性能。本节所提的框架由 PyTorch 实现，利用 Adam 算法[38]更新模型参数。训练过程中学习率初始化为 0.005 且其值在训练过程中逐步下降。本节选取在验证集中表现最优的模型参数在测试集中评价我们框架的性能。本节利用 300 维的词嵌入表示初始化词向量，子图注意力网络的输出维度为 300，子图注意力网络中的注意力头数 K 为 8。训练过程中批处理大小为 64。

4) 实验结果及分析

如表 3.12 所示，本节所提的方法在两个数据集上性能均优于所有基准方法。具体地，本节的方法在两个数据集上分别取得了 91.1%和 92.4%的准确率，比最优基准方法分别取得了 2.1%和 2.2%的性能提升。实验结果证明了本节所提模型在捕获谣言中文本内容全局语义关联信息的有效性，且全局语义关联信息有助于谣言的检测。

表 3.12 谣言检测实验结果

方法	Acc	非谣言 F_1	假谣言 F_1	真谣言 F_1	未知谣言 F_1
Twitter15 数据集					
DTR	0.409	0.501	0.311	0.364	0.473
DTC	0.454	0.733	0.355	0.317	0.415
RFC	0.565	0.810	0.422	0.401	0.543
SVM-TS	0.544	0.796	0.472	0.404	0.483
SVM-HK	0.493	0.650	0.439	0.342	0.336
SVM-TK	0.667	0.619	0.669	0.772	0.645
GRU-RNN	0.641	0.684	0.634	0.688	0.571
BU-RvNN	0.708	0.695	0.728	0.759	0.653
TD-RvNN	0.723	0.682	0.758	0.821	0.654
PPC	0.842	0.818	0.875	0.811	0.790
GLAN	0.890	0.936	0.908	0.897	0.817
本节方法	**0.911**	**0.953**	**0.929**	**0.905**	**0.854**
Twitter16数据集					
DTR	0.414	0.394	0.273	0.630	0.344
DTC	0.465	0.643	0.393	0.419	0.403

续表

方法	Acc	Twitter16数据集			
		非谣言 F_1	假谣言 F_1	真谣言 F_1	未知谣言 F_1
RFC	0.585	0.752	0.415	0.547	0.563
SVM-TS	0.574	0.755	0.420	0.571	0.526
SVM-HK	0.511	0.648	0.434	0.473	0.451
SVM-TK	0.662	0.643	0.623	0.783	0.655
GRU-RNN	0.633	0.617	0.715	0.577	0.527
BU-RvNN	0.718	0.723	0.712	0.779	0.659
TD-RvNN	0.737	0.662	0.743	0.835	0.708
PPC	0.863	0.843	0.898	0.820	0.837
GLAN	0.902	0.921	0.869	0.847	**0.968**
本节方法	**0.924**	**0.935**	**0.913**	**0.947**	0.899

由表 3.12 可知基于传统机器学习的基准方法(即 DTR、DTC、RFC、SVM-TS、SVM-HK 和 SVM-TK 方法)普遍表现较差。上述方法中，RFC、SVM-TS、SVM-HK 和 SVM-TK 方法相比于 DTR 和 DTC 方法性能更优，这是因为 RFC、SVM-TS、SVM-HK 和 SVM-TK 方法利用了额外的时序或结构特征。

对于深度学习方法，如 BU-RvNN、TD-RvNN、PPC 和 GLAN 方法，其性能均优于基于传统机器学习的方法。这表明相比于传统机器学习方法，基于深度学习方法更容易捕获到高效的特征用于谣言的检测。此外可知 GLAN 方法在所有基准方法中取得了最优的性能，这是因为该方法捕获了源推文传播过程中的局部语义和全局结构信息而其他方法只捕获了部分信息。

众所周知，辟谣时间取决于谣言的发现时间，因此及早识别谣言显得尤为重要。为了模拟谣言的早期检测过程，本节通过控制谣言源推文发布后经历的时间或经用户转发或回复源推文相关推文的数目来表示谣言传播的不同阶段，然后计算不同阶段谣言检测算法的检测准确率来评估模型的早期检测性能。对于谣言的早期检测任务，本节与五个最先进基准方法进行了比较，即 RFC、SVM-TK、TD-RvNN、PPC 和 GLAN 方法。图 3.5 描述了对比方法在由经过时间或用户转发数模拟的谣言传播不同阶段的检测准确率变化趋势。本节所提方法在谣言早期检测任务上性能优良，在仅使用少于 1 小时(如 3.5(a)、(b)所示)或少于 10 条推文(如图 3.5(c)、(d)所示)的数据时就比使用所有数据的 PPC 方法性能更好。这表明本节所提方法在谣言的早期检测任务上具有可比的性能。随着经历时间或用户转发数的变化，本节方法和 GLAN 方法在谣言检测准确率上均有轻微的抖动，这是因为随着推文信息的增加也会给模型带来噪音信息。

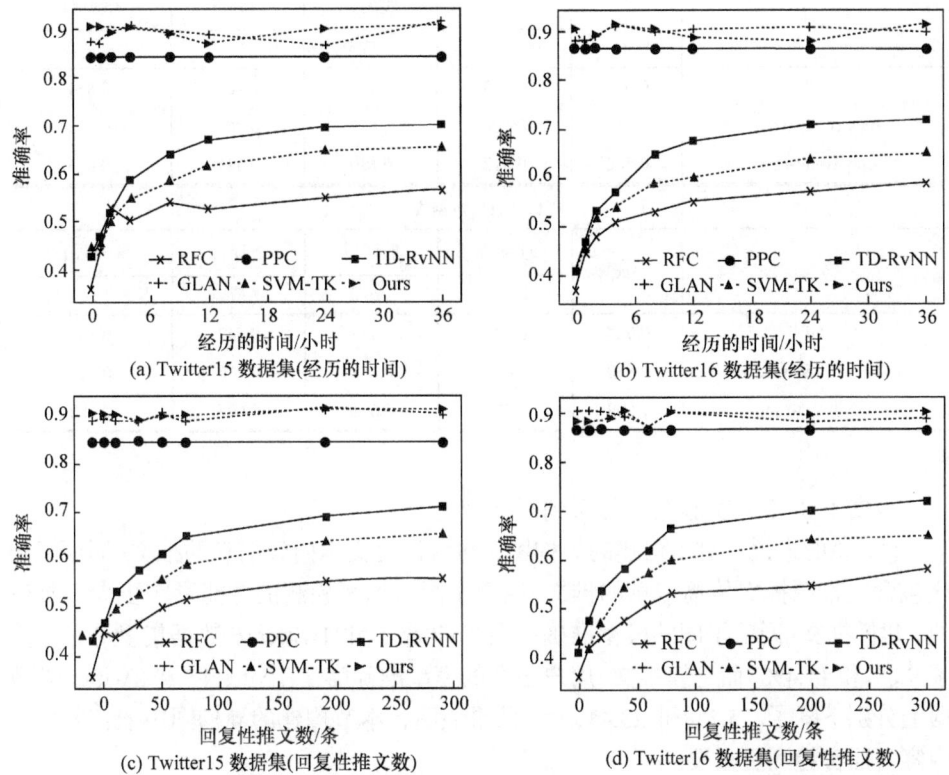

图 3.5 谣言的早期检测性能比较结果(谣言检测准确率随经过时间(用户转发数)变化趋势图)

对于谣言早期检测任务，一个好的解决方案应该是尽早地达到最优的模型检测性能。基于上述认识，本节所提方法在大多数情况下比 GLAN 方法表现更好。因此，实验结果表明本节方法对数据更鲁棒且性能更稳定。

总之，在两个真实世界推特数据集上的实验结果表明，我们的方法在谣言检测和早期检测方面比最先进的基线具有更好的性能。

为了分析基于元路径从推文-词项-用户异质图中分解的子图信息对谣言检测的重要性，本节利用子图注意力网络对子图进行建模，并学习子图的节点表示以检测谣言。实验结果如表 3.13 所示。其中，only tweet-word 为利用子图注意力网络对推文-词项子图建模以学习推文表示用于检测谣言；only tweet-user 为通过子图注意力网络对推文-用户子图建模以学习推文表示用于检测谣言。

表 3.13　子图信息重要性分析结果

方法	Acc	非谣言 F_1	假谣言 F_1	真谣言 F_1	未知谣言 F_1
Twitter15数据集					
All	0.911	0.953	0.929	0.905	0.854
only tweet-word	0.813	0.708	0.857	0.864	0.813
only tweet-user	0.560	0.812	0.430	0.544	0.446
Twitter16数据集					
All	0.924	0.935	0.913	0.947	0.899
only tweet-word	0.810	0.698	0.787	0.936	0.809
only tweet-user	0.690	0.772	0.651	0.697	0.632

根据表 3.13 的实验结果可得到以下结论。

(1) 总的来说，对于构建的异构图，包含谣言文本内容信息的推文-词项子图比包含谣言源推文传播信息的推文-用户子图对谣言检测的性能影响更大。具体地，建模推文-词项子图的模型准确度在 Twitter15 和 Twitter16 数据集上分别下降了 9.8%和 11.4%，而建模推文-用户子图的模型准确度在 Twitter15 和 Twitter16 数据上分别下降了 35.1%和 23.4%。该结果表明，本节构建的异构图中谣言的文本内容对谣言检测更重要。

(2) 仅对非谣言类，推文-用户子图比推文-词项子图具有更大的影响。具体而言，对推文-用户子图建模的模型识别非谣言类的 F_1 值在 Twitter15 和 Twitter16 数据集上分别下降了 14.1%和 16.3%，而对推文-词项子图建模的模型识别非谣言类的 F_1 值在 Twitter15 和 Twitter16 数据集上分别下降了 24.5%和 23.7%。这是因为非谣言更容易被可信度较高的用户转发和回复且其传播路径相对固定，因此利用源推文的传播结构更易区分谣言和非谣言。

3.4　本章小结

本章分别提出了基于主题语义及如何学习文本内容的全局语义关联信息和有效融合源推文传播结构信息用于虚假信息检测两个模型。现有大多数谣言检测方法忽略了谣言文本内容间的语义关联信息。为了应对这一挑战，本节基于文本内容和谣言的源推文传播构建了一个推文-词项-用户异质图，且进一步提出了一种基于元路径的异质图注意力网络框架,以学习文本内容的全局语义关联信息和有效融合源推文传播结构信息用于谣言的检测。具体而言,本节首先根据推文-词项元路径和推文-用户元路径将异质图分解为推文-词项子图和推文-用户子图。然后利用子图注意力网络对子图建模以获得包含全局结构信息的子图节点表示。最后利用注意力机制融合不同子图中的推文节点表示以检测谣言。两个真实世界推特数据集上的实验结果表明,本节方法在检测准确率上比最优的基线方法具有更好的性能,且在早期谣言检测任务上也具有可比的能力。

至于未来的工作,如何将用户的社交关系融合到构建的推文-词项-用户异质图中以提升谣言的早期检测性能是一个新兴的研究问题。

参 考 文 献

[1] Allport G W, Postman L J. The psychology of rumor. Journal of Clinical Psychology, 1947, 3: 247.

[2] Chorus A. The basic law of rumor. The Journal of Abnormal and Social Psychology, 1953, 48(2): 313-314.

[3] Rosnow R L. Rumor as communication: a contextualist approach. Journal of Communication, 1988, 38: 12-28.

[4] Yoon K. Convolutional neural networks for sentence classification. Proceedings of the 2014 Conference on Empirical Methods in Natural Language Processing (EMNLP), 2014: 1746-1751.

[5] Joulin A, Grave E, Bojanowski P, et al. Bag of tricks for efficient text classification. Proceedings of the 15th Conference of the European Chapter of the Association for Computational Linguistics (EACL), 2017: 427-431.

[6] Zhao Z, Resnick P, Mei Q Z. Enquiring minds: early detection of rumors in social media from enquiry posts. Proceedings of the WWW, 2015: 1395-1405.

[7] Chen L, Wu X, Li J, et al.,Call attention to rumors:deep attention based recurrent neural networks for early rumor detection. Proceedings of the Pacific-Asia Conference on Knowledge Discovery and Data Mining, 2018: 40-52.

[8] Torshizi S, Ghazikhani A. Automatic Twitter rumor detection based on LSTM classifier. proceedings of the International Congress on High-Performance Computing and Big Data Analysis, 2019: 291-300.

[9] Ruchansky N, Seo S Y, Liu Y. CSI: a hybrid deep model for fake news detection. Proceedings of the CIKM, 2017: 797-806.

[10] Ma J, Gao W, Wong K F. Detect rumors on Twitter by promoting information campaigns with generative adversarial learning. Proceedings of the WWW, 2019: 3049-3055.

[11] Wu K, Yang S, Zhu K Q. False rumors detection on Sina Weibo by propagation structures. Proceedings of the ICDE, 2015: 651-662.

[12] Vaswani N, Shazeer N, Parmar J, et al. Attention is all you need. Proceedings of the NIPS, 2017: 6000-6010.

[13] Liu F, Qiu X P, Huang X J. Recurrent neural network for text classification with multi-task learning. Proceedings of the IJCAI, 2016: 2873-2879.

[14] Zhou P, Shi W, Tian J, et al. Attention-based bidirectional long short-term memory networks for relation classification. Proceedings of the ACL, 2016: 207-212.

[15] Kingma D P, Ba J. Adam: a method for stochastic optimization. arXiv preprint arXiv: 1412.6980, 2014.

[16] Nicholas D, Prashant B. Rumor Psychology: Social and Organizational Approaches. American Psychological Association Washington, DC: Amer Psychological Assn, 2006.

[17] Castillo C, Mendoza M, Poblete B. Information credibility on Twitter. Proceedings of the WWW, 2011: 675-684.

[18] Qazvinian V, Rosengren E, Radev D R, et al. Rumor has it: identifying misinformation in microblogs. Proceedings of the EMNLP, 2011: 1589-1599.

[19] Popat K. Assessing the credibility of claims on the web. Proceedings of the WWW, 2017: 735-739.

[20] Yang F, Liu Y, Yu X, et al. Automatic detection of rumor on Sina Weibo. Proceedings of the ACM SIGKDD Workshop on Mining Data Semantics, 2012: 1-7.

[21] Jin F, Dougherty E, Saraf P, et al. Epidemiological modeling of news and rumors on Twitter. Proceedings of the SNAKDD '13 ACM, 2013: 8.

[22] Sampson J, Morstatter F, Wu L, et al. Leveraging the implicit structure within social media for emergent rumor detection. Proceedings of the CIKM ACM, 2016: 2377-2382.

[23] Ma J, Gao W, Wong K F. Detect rumors in microblog posts using propagation structure via kernel learning. Proceedings of the ACL, 2017: 708-717.

[24] Kwon S, Cha M, Jung K, et al. Prominent features of rumor propagation in online social media. Proceedings of the ICDM, 2013: 1103-1108.

[26] Ma J, Gao W, Wei Z, et al. Detect rumors using time series of social context information on microblogging websites. Proceedings of the CIKM, 2015: 1751-1754.

[27] Ma J, Gao W, Mitra P, et al. Detecting rumors from microblogs with recurrent neural networks. Proceedings of the IJCAI, 2016: 3818-3824.

[28] Ma J, Gao W, Wong K F. Rumor detection on Twitter with tree-structured recursive neural networks. Proceedings of the ACL, 2018:1980-1989.

[29] Liu Y, Wu Y F B. Early detection of fake news on social media through propagation path classification with recurrent and convolutional networks. Proceedings of the AAAI, 2018: 354-361.

[30] Yuan C, Ma Q, Zhou W, et al. Jointly embedding the local and global relations of heterogeneous graph for rumor detection. arXiv preprint arXiv:1909.04465, 2019.

[31] Huang Q, Zhou C, Wu J, et al. Deep structure learning for rumor detection on Twitter. Proceedings of the IJCNN IEEE, 2019: 1-8.

[32] Yao L, Mao C, Luo Y. Graph convolutional networks for text classification. Proceedings of the AAAI, 2019: 7370-7377.

[33] Zhang X, Zhang T, Zhao W, et al. Dual-attention graph convolutional network. arXiv preprint

arXiv:1911.12486, 2019.

[34] Shi X, Xu L, Wang P. Fine-grained image classification combined with label description. Proceedings of the IEEE 31st International Conference on Tools with Artificial Intelligence (ICTAI), 2019: 1057-1064.

[35] Veličković P, Cucurull G, Casanova A, et al. Graph attention networks. arXiv preprint arXiv: 1710.10903, 2017.

[36] Xu B, N. Wang N, Chen T, et al. Empirical evaluation of rectified activations in convolutional network. arXiv preprint arXiv: 1505. 00853, 2015.

[37] Zubiaga A, Liakata M, Procter R, et al. Analysing how people orient to and spread rumours in social media by looking at conversational threads. PLoS one, 2016, 11(3): e0150989.

[38] Kingma D P, Ba J. Adam: a method for stochastic optimization. arXiv preprint arXiv: 1412.6980, 2014.

第 4 章 融合知识的虚假信息检测模型

4.1 引　言

知识图谱(knowledge graph，KG)表示实体(如现实世界中的对象、事件、情况或抽象概念)相互链接的描述集合，其中描述具有正式的结构，该结构允许人和计算机以有效且明确的方式对其进行处理。通常，知识图谱包含语言知识、常识知识、世界知识、认知知识、专业知识等[1]。其中，语言知识是使用人类语言应当具备的词法、句法、语义或语用等方面的知识，如 WordNet、HowNet 是代表性的词法知识图谱；常识知识指普通人应当具备的基本知识信息，如 Cyc、ConceptNet 是代表性的常识知识图谱；世界知识指的是现实世界中各实体间关系的事实知识，如 Freebase、WikiData、DBPedia、YAGO、NELL 是代表性的世界知识图谱；认知知识是人类理解世界所具备的知识，如隐喻知识等；专业知识则是各专业领域的特定知识，如计算机、电子、财务等领域特有的专业知识图谱。

因为这些外部知识(常识知识、语言知识、世界知识、认知知识等)可以帮助人们快速检测虚假信息，所以利用外部知识进行虚假新闻检测逐渐成为研究热点。本章主要介绍我们提出的融合世界知识和语言知识的虚假新闻检测模型。

4.2 基于世界知识的虚假新闻检测模型

4.2.1 背景

知识图谱通常表现为三元组，比如(实体，关系，实体)或(实体，属性，值)。虽然当前通用知识图谱如 Freebase、DBpedia、YAGO 和 NELL 已经被创建并成功地应用于自然语言处理的很多相关领域(如关系分类、事件抽取和信息检索等)，但是这些通用知识图谱并不一定能直接适用于虚假信息检测。因此，我们需要针对虚假信息构建专门的知识图谱。

此外，社交媒体除了文本外，图像和视频等视觉内容作为一种生动的描述形式比纯文本更具吸引力，从而加速了新闻传播。例如，文献[2]指出超过 51.60%的微博带有图片，带图片的微博获得的转发次数是不带图片微博的 11 倍。为了达到快速传播目的,虚假新闻制造者通常设计包含虚假报道甚至篡改的图像或视频,以吸引和误导消费者。因此,视觉内容已经成为虚假新闻检测不可忽视的重要组成部分。然而,现有传统虚假新闻检测方法主要采用图像统计学和图像分布式表示特征[2-5],这些方法并没有深层次挖掘出图像所表达的文字含义。

综上,本节主要提出了如何融合知识图谱和图像所表达的深层文字语义信息进行虚假新闻检测。

4.2.2 算法模型

图 4.1 显示了我们提出的融合知识图谱和图像描述的虚假新闻检测模型。该模型旨在有效利用文本信息和图片信息的联合学习能力。其中,文本语义向量的生成主要基于现有数据集中的新闻文本信息,同时拼接上由知识关系抽取出的三元组信息向量。图片信息我们采用图像描述的方式,生成图片对应的描述文本,将得到的图片描述向量与上面的两种向量进行拼接后送入 BERT 模型进行分类预测。接下来,我们分别介绍文本语义向量、知识图谱和图像描述生成、BERT 自注意力和模型训练四大模块。

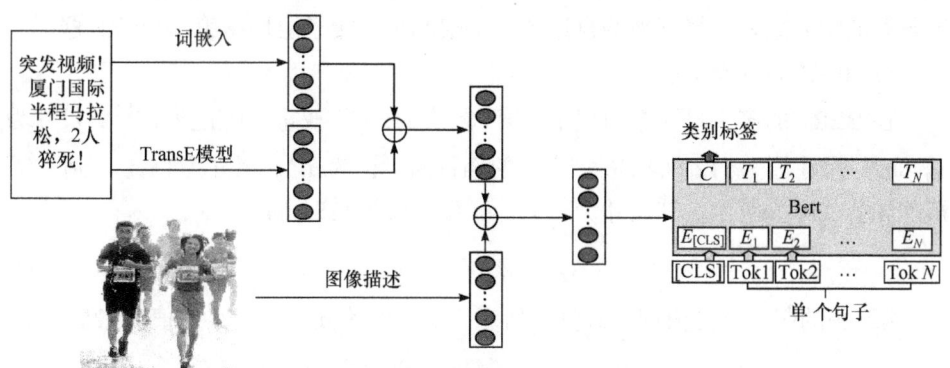

图 4.1 融合知识图谱和图像描述的虚假新闻检测模型

1) 文本语义向量

从虚假新闻训练语料中生成一个词典 $C = \{c_1, c_2, \cdots, c_{n_1}\}$,对于中文来说,词典中的词是单个的字、单个标点符号。将词典中的词 c_i 都嵌入到一个行向量 d_i 中,d_i 的尺寸为 $1 \times n_2$,尺寸值为 1×512。并将所有行向量 d_i 按照顺序排列起来,组成矩阵 $D = (d_1, d_2, \cdots, d_{n_1})$,其尺寸为 $n_1 \times n_2$,其中尺寸值为 30522×512。给定训练样本 $X = (x_1, x_2, \cdots, x_{n_3})$。对于 $i = 1, 2, \cdots, n_3$,取出 x_i 在矩阵 D 中对应行向量,记为 s_i。将 s_i 按照从小到大的顺序排列起来,得到矩阵 $S = (s_1, s_2, \cdots, s_{n_3})$,$S$ 的尺寸

为 $n_3 \times n_2$，尺寸值为 128×512。

2) 知识图谱和图像描述生成

我们利用 TransE 模型[6]获取虚假新闻文本的三元组信息。TransE 将每个三元组实例(头 head，关系 relation，尾 tail)中的关系 relation 看作从实体 head 到实体 tail 的翻译，通过不断调整 h、r 和 t (head、relation 和 tail 的向量)，使 $(h+r)$ 尽可能与 t 相等，即 $h+r=t$，最终获得虚假新闻文本的三元组用矩阵 P 表示 embedding 后的向量拼接而成，矩阵 F 为文献[7]获取的图片描述信息嵌入后的向量拼接而成。图像描述指的是自动从一张图片生成描述性语句，不仅能指出图片中包含的物体，而且能够表达图片中物体的相互关系、属性及他们共同参与的活动。这有点类似于"看图说话"，但是对于机器来说却是一项很有挑战性的任务。因为机器不仅要能检查出图像中的物体，而且要理解物体之间的相互关系，最后还要用合理的语言表达出来。在图像描述任务中，输入的是图像，输出的是单词序列。基于编码器和解码器，利用图像中使用的 CNN 作为编码器，提取图像的视觉特征，使用性能更好的 RNN 作为解码器。

令 $Z^0 = S + P + F$，其尺寸为 $n_3 \times n_2$，尺寸值为 128×512，其中 Z^0 是第一个编码器的输入矩阵，接下来的自注意力子层和全连接子层均指第一个编码器。

3) BERT 自注意力

在 BERT 的多头自注意力层中，第 i 个头的 "Q" 权重矩阵记为 $W^{1i/1}$，尺寸为 $n_2 \times n_6$，尺寸值为 512×64，第 i 个头的偏置向量记为 $b^{1i/1}$，尺寸为 $1 \times n_6$。则 "Q" 矩阵如公式(4-1)所示，其尺寸为 $n_3 \times n_6$，尺寸值为 128×64。

$$Q^{1i} = Z^0 W^{1i/1} + b^{1i/1} \tag{4-1}$$

第 i 头的归一化分值如公式(4-2)所示，其尺寸为 $n_3 \times n_6$，尺寸值为 128×64。

$$U^{1i} = \text{softmax}\left(\frac{Q^{1i}(K^{1i})^{\text{T}}}{\sqrt{d}}\right) V^{1i} \tag{4-2}$$

将所有头的归一化分值连接起来，可以得到第一个编码器自注意力的分值 $U^1 = (U^{12}, U^{12}, \cdots, U^{1n_6})$，其自注意力子层的输出表示为

$$Y^{11} = \text{lnor}\left(U^1 W^{1.4} + b^{1.4} + Z^0\right) \tag{4-3}$$

其中，$W^{1.4}$ 为权重矩阵，尺寸值为 512×512，$b^{1.4}$ 为第一个编码器偏置向量，尺寸值为 1×512，Y^{11} 尺寸值为 128×512。

4) 模型训练

对于 BERT(bidirectional encoder representations from transformers)模型，我们

采用的是编码器的堆叠,上述中的第一个编码器输入为 Z^0,输出为 Z^1,每一个编码器内部的计算过程都一致,第二个编码器输入为 Z^1,输出为 Z^2,以此类推,第 n 个编码器的输出为 Z^n。对于 sequence-level 的分类任务,BERT 直接取第一个[]token 的最终隐藏层输出 Z^n,加一层权重向量 $\hat{W}$ 后 softmax 预测标签的概率为

$$P = \text{softmax}\left(Z^n \hat{W}\right) \tag{4-4}$$

模型采用交叉熵作为损失函数,表示为

$$\text{Loss} = \sum_{i=1}^{N} -\left[y_i * \log(r_i) + (1 - y_i) * \log(1 - r_i) \right] \tag{4-5}$$

其中,N 为训练集合实例总数,y_i 为第 i 个实例的真实标签。

4.2.3 实验分析

1) 数据集

实验中所采用的虚假新闻检测任务数据集来自北京市经济和信息化局、CCF 大数据专家委员会、中科院计算技术研究所共同发布[①],包含文本和图片两种模态的信息,总共包含 61432 张图像,同时数据集中包含有部分新闻的评论,字段为空则代表该新闻没有评论。我们本次实验仅使用了新闻的源文本信息,具体的统计数据如表 4.1 所示。所有实验结果均使用 5 倍交叉验证。

表 4.1 语料库统计

项目名称	数量
标签为 fake 的文本	14930
标签为 true 的文本	12719
新闻文本长度最大值	1994
新闻文本长度最小值	1
新闻文本长度平均值	136
有图片的新闻文本数量	24590
无图片的新闻文本数量	20285
文本对应的图片数量最大值	9
文本对应的图片数量最小值	1

---

① https://www.datafountain.cn/competitions/422

2) 基准模型

我们所选用的基准模型如下所示。

(1) TextCNN：文献[8]提出的 TextCNN，其将卷积神经网络应用到虚假新闻分类任务中。

(2) TextRCNN：文献[9]提出的 TextRCNN 模型，该模型广泛应用于文本分类任务。

(3) FastText：2016 年由 Facebook 提出的一种比较迅速的词向量和文本分类方法[10]，其将整篇文档的词及 n-gram 向量叠加平均得到文档向量，然后使用文档向量做 softmax 多分类。

(4) LSTM：最基础的 LSTM 模型，用于虚假新闻分类任务。

3) 实验设置

我们设置实验参数：学习率为 5e-5，BERT 层数为 768，头数为 12。

4) 实验结果及分析

表 4.2 显示了实验结果。

表 4.2　虚假新闻检测实验结果

方法	准确率	精确率	召回率	F_1
TextCNN	0.312	0.342	0.302	0.321
TextRNN	0.328	0.354	0.313	0.332
FastText	0.359	0.361	0.338	0.349
LSTM	0.341	0.359	0.329	0.343
BERT	**0.423**	**0.421**	**0.405**	**0.413**
合成第一张图像对应的描述文本				
TextCNN + Image Caption	0.311	0.336	0.304	0.319
TextRNN + Image Caption	0.329	0.343	0.319	0.331
FastText + Image Caption	0.363	0.371	0.343	0.356
LSTM + Image Caption	0.357	0.339	0.331	0.335
BERT + Image Caption	**0.429**	**0.411**	**0.426**	**0.418**
合成所有图像对应的描述文本				
TextCNN + Image Caption	0.304	0.321	0.297	0.309
TextRNN + Image Caption	0.317	0.331	0.313	0.322
FastText + Image Caption	0.359	0.356	0.331	0.343
LSTM + Image Caption	0.347	0.329	0.325	0.327
Bert + Image Caption	0.409	0.413	0.396	0.404
合成知识图谱三元组对应的文本				
TextCNN + Knowledge Graph	0.331	0.342	0.317	0.329

续表

方法	准确率	精确率	召回率	F_1
合成知识图谱三元组对应的文本				
TextRNN + Knowledge Graph	0.338	0.374	0.328	0.349
FastText + Knowledge Graph	0.353	0.361	0.323	0.341
LSTM + Knowledge Graph	0.352	0.369	0.342	0.355
BERT + Knowledge Graph	**0.436**	**0.441**	**0.412**	**0.426**
合成知识图谱和第一张图像描述文本				
BERT + Knowledge Graph + Image Caption	0.431	0.429	**0.434**	**0.432**

我们可以得出如下结论。

(1) 基于图像描述提取向量拼接的模型与基准的 BERT 模型相比，准确率提高了 0.6%，精确率降低了 1.0%，而召回率上升了 1.5%，F_1 值提高了 0.6%；基于 TransE 提取向量拼接的模型与基准的 bert 模型相比，准确率提高了 1.0%，精确率提高了 2.0%，召回率上升了 0.7%，F_1 值提高了 1.4%。

(2) 将两个向量都进行拼接的模型，对比单一的模型在精度上有了更多的提升，F_1 值可以综合衡量模型的性能，从表中可以看到，我们算法在 F_1 值上都高于基线算法。另外，在性能上，合成原始文本对应的第一张图像对应的图像描述优于所有图像，原因在于过多的图像会导致噪声。这些实验结果证明本节模型有效地挖掘了虚假新闻中的原始文本语义表示，以及利用知识图谱和图像描述对应的深层次语义表示，从而能够有效地检测出虚假新闻。

此外，作者参与了由北京市经济和信息化局、CCF 大数据专家委员会和中科院计算技术研究所共同举办的 2020 年疫情期间互联网虚假新闻检测国际大赛，该大赛发布的每条数据包括微博正文、评论、图片、所属领域等多个字段，包含三种类别：无须判断，虚假新闻和真实新闻。作者针对多模态特征提取及融合进行了较为深入的研究，包含：去除文本中的"http"和标点符号等数据清洗；抽取图片的浅层特征(图片尺寸、图片清晰度、图片亮度、各通道的均值和方差等统计特征)；利用 ResNet 提取图片深层次语义特征；利用图像描述技术对图片生成对应的文本；将原文本和图片生成的文本进行分布式表示，同时进行向量拼接；测试集的伪标签注入等。我们的多模态模型在 B 榜 934 支报名队伍中排名第 21 位(图 4.2)，模型取得了 47.76%识别性能，冠军模型取得了 53.92%性能，亚军模型取得了 52.56%性能，季军取得了 50.94%的性能。相比于季军模型，我们模型性能仅差 3.18%，说明了我们利用图像描述初步探索的模型具有一定的有效性。

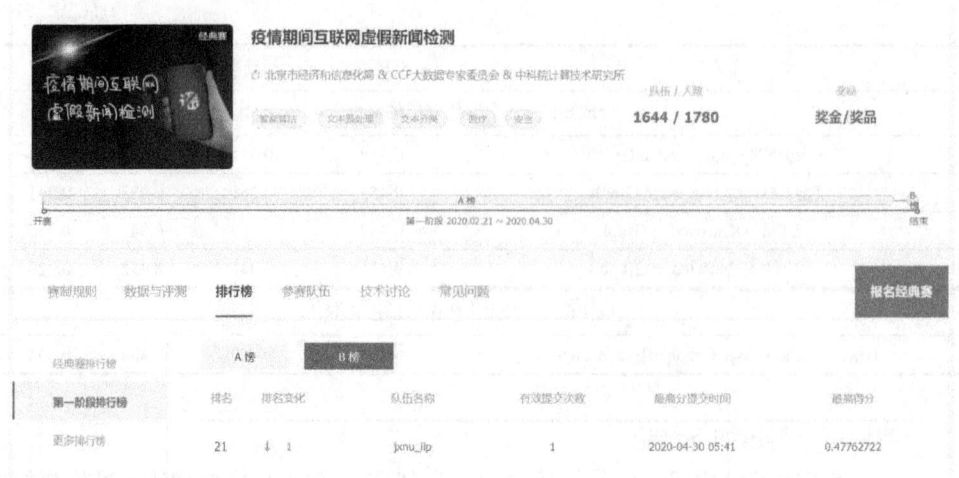

图 4.2　多模态虚假信息检测大赛排行榜

4.3　基于语言知识的虚假新闻检测模型

4.3.1　背景

以 WordNet 和 HowNet 为代表的词法语言知识能够辅助人们判断给定信息的真假性。具体而言，WordNet[11]构建了一个涵盖范围广泛的英语词汇语义网，包括各种表示隐含关系的上下义关系及同义词集。WordNet 不把单词分解成更小的有意义的单位。相比于英文，在人类语言的言语或写作过程中，汉语词汇是独特而有意义的元素。事实上，汉语词的意义可以用一组语义单位来表达。语言学家将人类语言最小的语义单位定义为义原，这有助于我们更好地理解人类语言。HowNet[12]以还原论机制为基础，强调义原所代表的部分和属性的重要性。此外，现有模型忽略了语言知识和世界知识(如实体上下文)在虚假信息检测方面的联合作用。

图 4.3 说明了中英文语言知识构成的一种层次结构情况。根据图 4.3(a)，对于汉语单词"谣言"，可以定义为"信息"，并有许多修饰符(如不精确、传播、隐秘)。这种层次结构将从许多不同的语义义原中解释特定的词。类似地，对于图 4.3(b)中的英文单词"fake"，它的上义词是"simulation"，它的下义词是"fake_book 和 potemkin_village"。这种层次结构也极大丰富了新闻文本中的词语表示。显然，WordNet(如上义词、下义词、同义词)和 HowNet(如义原)显示了多关系标注以构造复杂的层次语言结构信息。这种复杂的层次语言知识有助于确定给定新闻是否为假新闻。

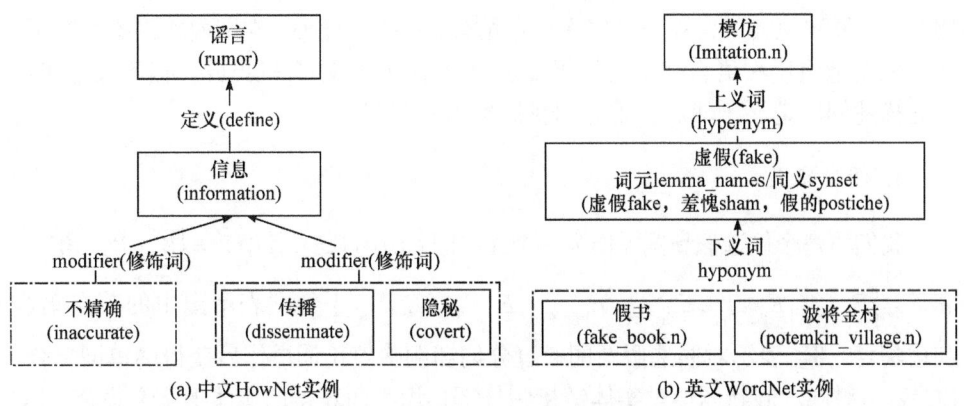

(a) 中文HowNet实例　　　　　　　　(b) 英文WordNet实例

图 4.3　层次语言知识实例

4.3.2　算法模型

基于背景知识描述，我们提出了融入层次语言知识的虚假新闻检测模型。具体而言，我们首先通过 LDA 提取给定新闻文本的特定主题词，并分别基于 WordNet 和 HowNet 获得英汉主题词的一般声明(如上下义词、同义词集、义原)。然后，我们对新闻文本进行实体链接，并通过外部知识库获得扩展的实体上下文。接下来，我们根据给定新闻文本的内容、扩展语言上下文和实体上下文构建一个功能强大的语言-实体图(图 4.4)。

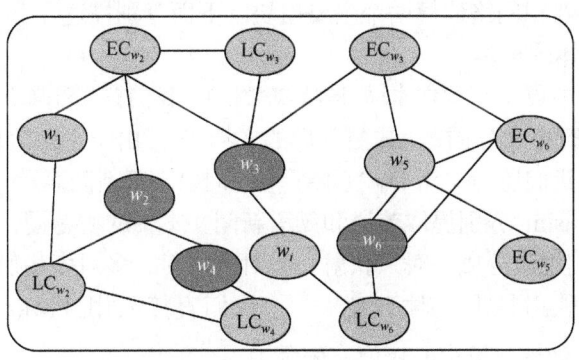

图 4.4　语言-实体图

图 4.4 中节点包括对给定新闻文本删除停止词后的单词、扩展实体上下文(entity context，EC)和扩展语言上下文(language context，LC)。W_1、W_i 节点表示该词为非实体词和非主题词，W_2、W_3、W_6 节点表示该词同时为实体词和主题词，W_4 节点表示该词为主题词，W_5 节点表示该词为实体词。各类边由单词共现信息构建。构建图 4.4 的动机是在语言上下文和实体上下文中添加丰富的外部词集后，可以增强给定新闻文本中任意两个词之间的词共现情况，从而有利于虚假新闻检测。

因此,世界知识和语言知识可以有机地结合在一起。此外,在图卷积网络框架下,我们成功地将层次语言知识与世界知识(如实体上下文)有机集成。接下来,我们首先描述问题定义,然后着重介绍我们提出的模型。

1. 问题定义

我们将每个候选假新闻 n 作为一个无向图 $G(n)=(V,E)$,其中 $V=\{W_{up}, W_{EC}, W_{LC}\}$ 和 $E=\{E_{w_{up},w_{up}}, E_{w_{up},w_{EC}}, E_{w_{up},w_{LC}}, E_{w_{EC},w_{EC}}, E_{w_{EC},w_{LC}}, E_{w_{LC},w_{LC}}\}$ 分别表示图中的节点集合和边集合。W_{up} 表示对候选假新闻通过分词和删除停止词操作后获得的单词集合。EC 表示对候选假新闻通过实体链接到外部知识库而获得的实体上下文集合。LC 表示对候选假新闻提取的主题词的层次语言上下文集合。各种来自上下文集合中的节点间构成了 E 中的各类边。

因此,虚假新闻检测问题可以归结为图分类问题,即给出一组无向图 $G=\{G_1, G_2, \cdots, G_n\}$,其中每个候选假新闻 n 被形式化为无向图,我们的目标是学习函数 $f: G \rightarrow L$,其中 G 表示图的输入空间;L 表示候选假新闻标签集,包括假新闻和真实新闻。

2. 模型阐述

图 4.5 显示了我们提出的融合层次语言知识的虚假信息检测模型,包含语言-实体图构建和图卷积网络建模两个主要模块。下面分别描述。

1) 语言-实体图构建

对于给定的中英文新闻文本(如推特或微信),我们首先删除停止词[1],并采用 Jieba 工具包[2]进行中文分词,生成更新后的文档 D_{up}。由于主题信息可以帮助虚假新闻判别,因此我们还为文档 D_{up} 提取了主题词以丰富新闻表示。我们采用 LDA 实用工具[3]和 Gensim[4]分别提取英语和汉语新闻文本中的主题词,生成 top-k 个主题词集 w_{to}。我们把边分成一对一映射、一对多映射、多对多映射三种情况。

(1) 一对一映射情形。对于 $E_{w_{up},w_{up}}$,我们直接采用 PMI(pointwise mutual information)[13]来计算此类边的权值,表示为

$$\text{PMI}(i,j) = \log \frac{p(i,j)}{p(i)p(j)} \tag{4-6}$$

---

[1] https://blog.csdn.net/u012661010/article/details/70880847/
[2] https://github.com/fxsjy/jieba
[3] https://lda.readthedocs.io/en/latest/index.html
[4] https://radimrehurek.com/gensim/

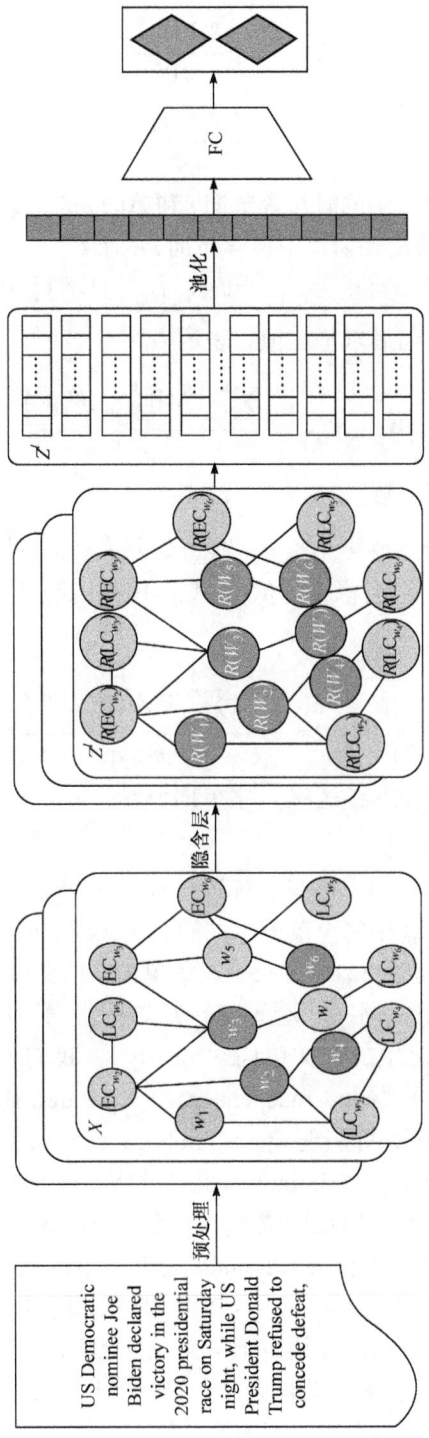

图4.5 模型框架(FC代表fully connection)

$$p(i,j) = \log\frac{\#W(i,j)}{\#W} \tag{4-7}$$

$$p(i) = \log\frac{\#W(i)}{\#W} \tag{4-8}$$

其中，$\#W(i,j)$代表滑动窗口中同时包含单词i和单词j的个数，$\#W$代表滑动窗口中的单词个数，$\#W(i)$代表滑动窗口中包含单词i的个数。

(2) 一对多映射情形。对于$E_{W_{up},W_{LC}}$和$E_{W_{up},W_{EC}}$，我们首先计算W_{up}和W_{LC}或W_{EC}中每个单词的PMI，然后求平均值，表示为

$$\text{PMI}(W_{up_i}, W_{LC_i}) = \frac{\sum_{k=1}^{n}\text{PMI}(W_{up_i}, W_{LC_j}^{k})}{n} \tag{4-9}$$

其中，n是W_{LC_i}中总单词个数。

(3) 多对多映射情形。对于$E_{W_{LC},W_{EC}}, E_{W_{EC},W_{EC}}$和$E_{W_{LC},W_{LC}}$，我们首先计算$W_{LC}$和$W_{EC}$中每个单词的PMI，然后求平均值(公式(4-10))。我们以W_{LC_i}和W_{EC_j}计算过程为例，同理可计算其他情形。

$$\text{PMI}(W_{LC_i}, W_{EC_j}) = \frac{\sum_{h=1}^{m}\sum_{k=1}^{n}\text{PMI}(W_{LC_i}^{h}, W_{EC_j}^{k})}{m \times n} \tag{4-10}$$

其中，m是W_{LC_i}中单词个数，n是W_{EC_j}中单词个数。

2) 语言上下文节点生成

与世界知识不同，语言知识是表示新闻文本的一个重要方面。根据背景部分的详细描述，我们提取w_{to}中每个英语单词的上下义词、同义词集，生成一个单词集w_{LC}。同样地，我们也为w_{to}中的每个汉语单词获取义原。图4.6展示了一个获取分层语言知识(如上下义词、同义词集)的英文示例。类似地，图4.7展示了一个中文示例。对于图 4.6 中的英文单词"Victory"，我们可以获得它的上标词"ending, success"，下标词"win, independence, landside, slam, Pirrhic Victory, synset, Victory, Trimpion"，并实现w_{LC} = {ending, success, win, independence, landside, slam, Pirrhic Victory, Trimpion}。相比之下，对于图 4.7 中汉语单词"区块链"，我们还在 HowNet 的输出中提取其义原，"{knowledge|知识: domain = {finance|金融}, {use|利用: purpose = {handle|处理}, patient = {problem|问题}}, modifier = {concrete|具体}}"，获取w_{LC} = {知识, 金融, 利用, 处理, 问题, 具体}。

在为D_{up}中给定的单词w_i提取语言上下文w_{LC}之后，我们使用 word2vec 来获得它们的向量表示 Vector$_{LC}$。为了结合更强大的语言上下文信息，我们对 Vector$_{LC}$ 执行平均和最大池化操作，以获得特定主题词的丰富表示。

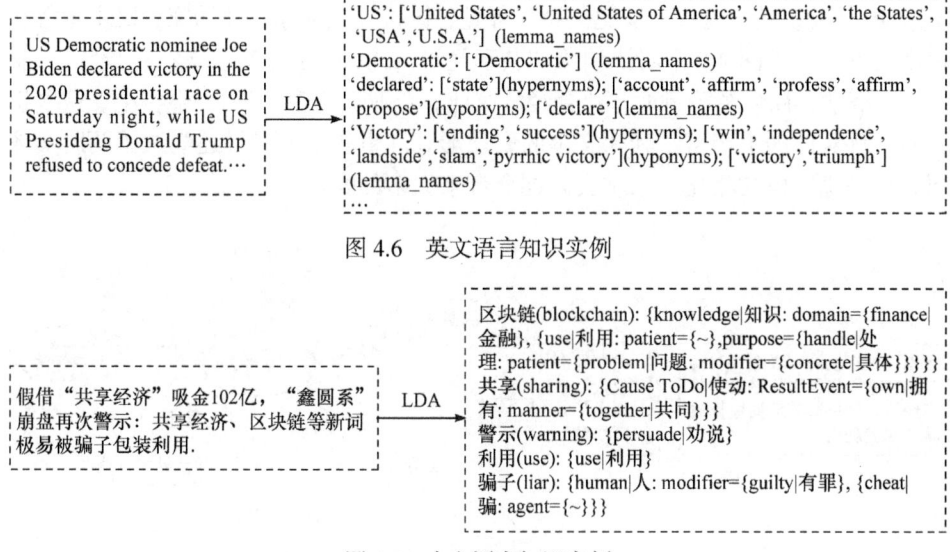

图 4.6　英文语言知识实例

图 4.7　中文语言知识实例

3) 实体上下文节点生成

实体链接是将文本中出现的实体提及(mention)与其在知识库中对应的实体链接起来的过程。对于更新文档 D_{up} 中的所有英文单词，我们使用 Tagme 实用工具[①]提取它们的实体，并将它们链接到 Wikidata[②]，获取英语新闻文本。对于中文情形，我们使用 CN DBpedia[③]获得实体链接，生成实体上下文词集 w_{EC}。对于图 4.8 中的英文单词"Joe Biden"，我们可以获得它的一跳实体单词"Joseph Robinette Biden，美国第 46 任总统、锡拉丘兹大学、政治家、民主党等"，并实现 w_{EC} = {美

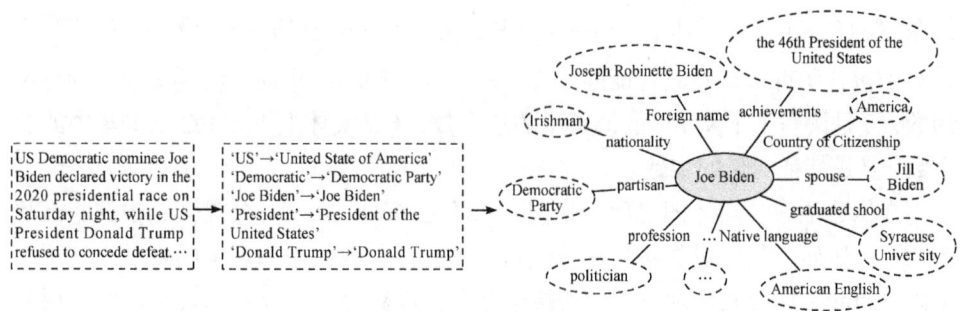

图 4.8　英文实体链接实例

---

① https://pypi.org/project/tagme/

② https://test.wikidata.org/wiki/Wikidata:Main_Page

③ http://kw.fudan.edu.cn/apis/cndbpedia/

国第 46 任总统约，瑟夫·罗比内特·拜登，锡拉丘兹大学，政治家，民主党等}。相比之下，对于图 4.9 中汉语词语"共享经济"，我们可以获得 w_{EC} = {经济，滴滴，经济学，社会经济行业，社会经济产业，企业级共享经济}。事实上，这些扩展的一跳实体词也丰富了新闻文本的表现形式。事实上，我们还尝试了两跳实体词。与一跳实体词相比，二跳实体词会带来太多的噪声。

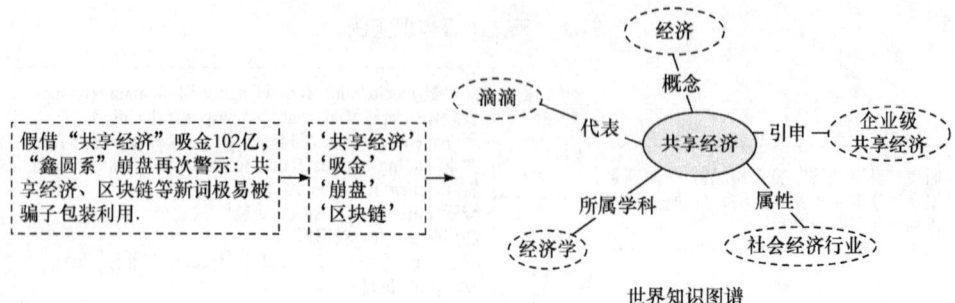

图 4.9 中文实体链接实例

同样，我们使用 word2vec 来获得 w_{EC} 的向量表示 $Vector_{EC}$。为了结合更强大的语言上下文信息，我们对 $Vector_{EC}$ 执行平均和最大池化操作，以获得特定实体词的丰富表示。

4）图卷积网络模型

一般来说，GCN 是一种多层神经网络，它直接对一个图进行操作并产生一个嵌入向量。我们构建了上述语言实体文本图，其中包含给定新闻文本中的单词及扩展语言和扩展实体上下文的表示，以便对全局单词共现进行建模。对于语言实体图 $G = (V, E)$，其中 $V(|V| = m + n + k)$ 和 E 分别是节点和边集合。设 $X \in R^{(m+n+k)*d}$ 是一个包含所有节点及其特征的矩阵，其中 m 是删除停止词后新闻文本中的总单词数，n 是语言上下文 LC 的词集中的总个数，k 是实体上下文 EC 的词集中的总个数，d 是特征向量的维数。

在构建语言—实体图之后，我们采用两层 GCN 来获得公式(4-6)中的隐藏状态 Z^{l+1}。然后，我们对隐藏的 Z^{l+1} 进行平均池，并获得新闻文本的表示，利用一个以 Softmax 作为激活函数的全连接层分类器以获得二元分类。GCN 的第一层和第二层采用的激活函数均为 ReLU。

$$Z^{(l+1)} = \sigma(D^{\frac{1}{2}}(I+A)D^{\frac{1}{2}}Z^{l}W) \tag{4-11}$$

其中，A 为邻接矩阵(公式(4-12))，D 为度矩阵，I 为单位矩阵，σ 为激活函数，W 为参数。$Z^{(l+1)}$ 代表 $l+1$ 层的输出。

$$A(i,j) = \begin{cases} \text{PMI}(i,j), & \text{PMI}(i,j) > 0 \\ 0, & \text{PMI}(i,j) \leqslant 0 \end{cases} \quad (4\text{-}12)$$

我们采用 r_i 作为新闻文本 i 的预测值，表示为

$$r_i = \text{Softmax}(Z_{\text{mean}}) \quad (4\text{-}13)$$

其中，Z_{mean} 是 Z^l 进行平均池化后获得。

我们采用交叉熵作为损失函数，并采用 Adam 算法[14]进行优化。

4.3.3 实验分析

1) 数据集

我们采用了两个基准虚假新闻语料库。一个是英语 PHEME 语料库[①]，另一个是中文 WeChat 数据集[②]。表 4.3 显示了这两个语料库的统计数据。其中，英文 PHEME 数据集包括 1972 条假新闻和 3830 条真实新闻；中文 WeChat 数据集由新闻和报道标题组成，分为训练集和测试集。

表 4.3 两个语料库统计数据

PHEME			
虚假新闻		1972	
真实新闻		3830	
WeChat			
		#新闻	#报道
训练集	虚假	1220	2010
	真实	1220	1740
测试集	虚假	870	1640
	真实	870	1411

2) 基准模型

(1) BOW_SVM。我们实现了一个用词袋表示新闻的朴素基线模型，并训练了一个用于假新闻检测的 SVM(支持向量机)分类器。

(2) TextGCN[15]。多通道 TextGCN(text graph convolutional network，文本图卷积网络)是一种流行的同时学习单词和文档表示的框架。我们直接采用他们公开的

---

① https://figshare.com/articles/PHEME_dataset_of_rumours_and_non-rumours/4010619

② https://github.com/yaqingwang/WeFEND-AAAI20

源代码①，使用 TextGCN 的默认 one-hot 形式输入向量。

(3) KCNN[18]。KCNN(knowledge-aware convolutional neural networks，知识感知的卷积神经网络)是学习新闻表示的最先进框架。KCNN 的输入由三部分组成：新闻嵌入、实体嵌入和实体上下文嵌入。实验中我们采用该算法公开的源代码②。

(4) CompareNet[19]。CompareNet 是一种端到端图神经模型，用于将新闻与外部知识库进行比较以检测假新闻。实验中我们采用该算法公开的源代码③。

3) 实验设置

PMI 的滑动窗口大小设置为 20，单词维度设置为 100。图卷积网络第一层的输出维度设置为 64，第二层的输出维度设置为 32。学习率设置为 0.001，dropout 设置为 0.5。我们采用随机梯度下降法对模型进行更新，采用 Adam 算法对模型进行优化，将英文和中文新闻的主题词总数分别设置为 10 和 5。在 PHEME 数据集上，我们采用 5-倍交叉验证。在 WeChat 数据集上，按照默认的训练集和测试集划分方式。

4) 实验结果及分析

通过实验结果主要验证：①我们的层次语言知识(如上下义词、同义词、义原)的有效性；②层次语言知识与世界知识相结合的有效性；③针对扩展语言上下文和实体上下文的不同融合策略(如平均和最大池化)的有效性。

表 4.4 显示了虚假新闻检测的性能对比情况。从表中发现我们的模型在正确度、精确率和 F_1 值方面表现最佳，这表明层次语言上下文和实体上下文对于假新闻检测的重要性。我们还验证了世界知识和层次语言知识可以成功加以融合(更多消融实验见表 4.5)，从而获得最佳性能。

表 4.4 虚假新闻检测性能对比

	正确度	假新闻			真新闻		
		精确率	召回率	F_1	精确率	召回率	F_1
PHEME 数据集							
BOW_SVM	0.6437	0.5621	0.5433	0.5526	0.6832	0.6918	0.6875
KCNN	0.6725	0.6265	0.6491	0.6427	0.7481	0.7312	0.7396
TextGCN	0.8276	0.7652	0.7343	0.7494	0.8568	0.8607	0.8597
CompareNet	0.8734	0.8372	0.7916	0.8138	0.8864	**0.9256**	0.9056

---

① https://github.com/yao8839836/text_gcn
② https://github.com/hwwang55/DKN
③ https://github.com/ytc272098215/FakeNewsDetection

续表

	正确度	假新闻			真新闻		
		精确率	召回率	F_1	精确率	召回率	F_1
PHEME 数据集							
本节模型(平均池化)	**0.8784**	**0.8488**	**0.7927**	**0.8198**	**0.8936**	0.9180	**0.9057**
本节模型(最大池化)	0.8601	0.8331	0.7814	0.8064	0.8727	0.8955	0.8840
WeChat 数据集							
BOW_SVM	0.6197	0.6638	0.5822	0.6204	0.6104	0.6733	0.6403
KCNN	0.7398	0.8684	0.5934	0.7050	0.6791	0.8853	0.7687
TextGCN	0.7893	0.8692	0.6437	0.7397	0.7136	0.8942	0.7903
CompareNet	0.8274	0.8974	0.7204	0.7992	0.7764	0.9123	0.8389
本节模型(平均池化)	0.8359	0.9034	0.7321	0.8088	0.7906	0.9208	0.8508
本节模型(最大池化)	0.8221	0.8921	0.7212	0.7883	0.7752	0.9087	0.8367

从表 4.4 中，针对英文 PHEME 数据集，我们还可以得到以下观察结果。

(1) 在四个基准模型中，BOW_SVM 在所有四个评测指标中表现最差，说明了简单的词袋模型在虚假新闻检测中不起作用。然而，知识的融入有助于虚假新闻的检测。由于 KCNN 只包含浅层知识(如新闻嵌入、实体嵌入和实体上下文嵌入)，因此与其他三种模型相比，它并不有效。由于 TextGCN 中文本的强大表示功能，其性能优于 BOW_SVM 和 KCNN。此外，CompareNet 在所有四个方面的性能都优于 KCNN，因为 CompareNet 采用了一种图神经网络模型，将新闻与外部知识库进行深度比较以检测虚假新闻。

(2) 与扩展实体上下文或语言上下文的最大池化相比，平均池化的性能较优。其原因是平均池化可以包含更多的全局信息，而最大池化只提取局部信息。

(3) 对于所有模型，真实新闻检测的性能都优于假新闻。这是因为人们通常采用外部知识(如语言语境和实体语境)来判断新闻的真实性,尤其是真实新闻场合。

针对中文 WeChat 数据集，我们还得出同样结论：我们的模型在所有四项评测指标中表现最好。正如预期的那样，义原为特定的汉语单词产生了详细的层次化语义解释，确实有助于发现假新闻。这表明了层次语言知识(义原)在虚假新闻检测中的重要性。我们还证明了世界知识和层次语言知识可以成功地结合起来，从而获得最佳性能。同样，在四个基准模型中，BOW_SVM 在所有四个评测指标中表现最差。由于知识的融合，KCNN 优于 BOW_SVM。CompareNet 性能优于现有的三个基线(如 BOW_SVM、KCNN 和 TextGCN)。与英文假新闻检测相比，HowNet 在中文虚假新闻检测中起着更为重要的作用。这表明义原的层次结构是一个词的有效表征，其中一个词可能有不同的意义，每个意义都被定义为一个义原的层次结构。

为了研究层次语言知识和实体上下文的功能，表 4.5 显示了英文 PHEME 和中文 WeChat 数据集上的消融实验结果。具体而言，在英文 PHEME 数据集上，我们可以发现下义词比上义词表现得更好。因为下义词为特定的英语单词提供了详细的语义解释，从而有助于检测假新闻。相比之下，同义词则更为抽象，它只解释了特定单词的公共属性。然而，公共属性在进行假新闻检测时并不起作用，而且由于噪声的影响，上下义词和同义词的组合并不能提高性能。同样，在中文 WeChat 数据集上，我们可以发现语言知识(如义原)有助于检测假新闻，将语言上下文和实体上下文相结合可以更加有效地检测中文虚假新闻。

表 4.5 消融实验结果

	正确度	假新闻			真新闻		
		准确率	召回率	$F1$	准确率	召回率	$F1$
PHEME							
实体语境	0.8463	0.7825	0.7631	0.7727	0.8742	0.8863	0.8802
上义词	0.8468	0.7909	0.7633	0.7769	0.8701	0.8854	0.8777
下义词	0.8511	0.7977	0.7759	0.7867	0.8739	0.8821	0.8780
同义词	0.8572	0.8257	0.7834	0.8040	0.8682	0.8859	0.8770
上义词+下义词	0.8559	0.8132	0.7801	0.7963	0.8699	0.8850	0.8774
上义词+同义词	0.8598	0.8286	0.7855	0.8065	0.8773	0.8889	0.8831
上义词+下义词+同义词	0.8616	0.8358	0.7886	0.8115	0.8772	0.8921	0.8846
下义词+同义词	0.8627	0.8291	**0.8035**	0.8161	0.8789	0.8871	0.8830
实体语境+上义词	0.8526	0.7936	0.7742	0.7838	0.8786	0.8868	0.8827
实体语境+下义词	0.8597	0.8021	0.7813	0.7916	0.8834	0.8912	0.8873
实体语境+同义词	0.8686	0.8349	0.7884	0.8110	0.8837	0.9035	0.8935

续表

	正确度	假新闻			真新闻		
		准确率	召回率	F1	准确率	召回率	F1
PHEME							
实体语境+下义词+同义词	0.8712	0.8396	0.7887	0.8134	0.8872	0.9143	0.9005
实体语境+上义词+下义词	0.8648	0.8295	0.7792	0.8036	0.8792	0.9033	0.8911
实体语境+上义词+下义词+同义词	0.8744	0.8408	0.7915	0.8154	0.8922	0.9098	0.9009
实体语境+下义词+同义词	**0.8784**	**0.8488**	0.7927	**0.8198**	0.8936	**0.9180**	**0.9057**
WeChat							
实体语境	0.8137	0.8833	0.7099	0.7872	0.7727	0.9051	0.8337
语言语境	0.8285	0.9013	0.7216	0.8015	0.7728	0.9134	0.8372
实体语境+语言语境	**0.8359**	**0.9034**	**0.7321**	**0.8088**	**0.7906**	**0.9208**	**0.8508**

此外，我们进行了 GCN 的层数实验，发现两层 GCN 的性能优于一层 GCN，而多层 GCN 并不能提高假新闻检测的性能。这与文献[15]~[17]中的结果类似。

4.4 本章小结

本章设计了融合知识图谱和图像描述的深度学习框架下多模态虚假新闻检测模型，该模型一方面抽取出新闻文本中的三元组形式知识图谱，另一方面生成图像对应的描述文本，同时采用 BERT 框架将原文本、三元组、生成文本加以集成，并利用上述多模态疫情期间互联网中文虚假新闻检测国际大赛数据进行实验。实验结果表明了模型的有效性。

现有的虚假新闻检测模型侧重于探索传播模式、写作风格、用户信用和世界知识信息。然而，传播模式很难捕捉，写作风格比较容易被模仿，用户信用(如职业、年龄、爱好等元数据)也相对容易伪造。相比之下，我们构建了一个强大的语言-实体图，该图由三种类型的节点和六种类型的边组成，用来对给定的新闻文本建模。在图卷积网络框架下,我们成功地将语言知识(如上下义词、同义词、义原)和实体上下文与外部知识库结合起来。通过实验证明了层次语言知识和世界知识在虚假新闻检测中均起重要作用,两者可以有效互补。此外,任何两个节点(如单词、语言上下文或实体上下文)之间的共现性可以使用我们提出的语言-实体图被有效地增强。

正如一句经典的名言:知识就是力量,知识在人们认识世界、探索世界和改造世界中起着非常关键的作用。鉴于此,本章介绍的两个虚假新闻检测模型分别融入了世界知识、语言知识、图像描述等深层语义知识。通过基准语料库上的实验结果表明,我们提出的这些知识驱动模型有助于提升虚假信息的检测性能。

参 考 文 献

[1] 刘知远, 韩旭, 孙茂松. 知识图谱与深度学习. 北京: 清华大学出版社, 2020.

[2] Qi P, Cao J, Yang T Y, et al. Exploiting multi-domain visual information for fake news detection. Proceedings of the IEEE International Conference on Data Mining (ICDM'19), 2019: 518-527.

[3] Jin Z W, Cao J, Guo H, et al. Multimodal fusion with recurrent neural networks for rumor detection on microblogs. https: //dl. acm. org/doi/10. 1145/3123266. 3123454[2020-1-1].

[4] Wang Y Q, Ma F L. Jin Z W, et al. EANN: event adversarial neural networks for multi-modal fake news detection. https: //www. pianshen. com/article/57871580780/[2020-1-1].

[5] Zlatkova D, Nakov P, Koychev I. Fact-checking meets fauxtography: verifying claims about images. https: //arxiv. org/abs/1908. 11722[2020-1-1].

[6] Bordes A, Usunier N, Duran A G, et al. Translating embeddings for modeling multi relational data. Proceedings of the Advances in Neural Information Processing Systems, 2013: 2787-2795.

[7] Vinyals O, Toshev A , Bengio S , et al. Show and tell: a neural image caption generator. Proceedings of the CVPR, 2015: 3156-3164.

[8] Kim Y. Convolutional neural networks for sentence classification. arXiv preprint arXiv: 1408. 5882, 2014.

[9] Lai S W, Xu L H, Liu K, et al. Recurrent convolutional neural networks for text classification. Proceedings of the 29th AAAI Conference on Artificial Intelligence, 2015: 2267-2273.

[10] Joulin A, Grave E, Bojanowski P, et al. Bag of tricks for efficient text classification. arXiv preprint arXiv: 1607. 01795v3, 2016.

[11] George A M.Wordnet: a lexical database for english. Communications of the ACM, 1995, 38(11): 39-41.

[12] Dong Z D, Dong Q. Hownet-a hybrid language and knowledge resource. Proceedings of the International Conference on Natural Language Processing and Knowledge Engineering (NLP'KE), 2003.

[13] Zhang X Y, Zhang T, Zhao W T, et al. Dual-attention graph convolutional network. arXiv, preprint arXiv: 1911.12486, 2020.

[14] Diederik P K, Ba J L. Adam: a method for stochastic optimization. Proceedings of the

International Conference on Learning Representations (ICLR'15), 2015.

[15] Yao L, Mao C S, Luo Y. Graph convolutional networks for text classification. Proceedings of the 33rd AAAI Conference on Artificial Intelligence (AAAI'19), 2019: 7370-7377.

[16] Li Q M, Han Z C, Wu X M. Deeper insights into graph convolutional networks for semi-supervised learning. Proceedings of the 32nd AAAI Conference on Artificial Intelligence (AAAI'18), 2018.

[17] Kipf T, Welling M. Semi-supervised classification with graph convolutional networks. Proceedings of the 5th International Conference on Learning Representations (ICLR'17), 2017.

[18] Wang H W, Zhang F Z, Xie X, et al. DKN: Deep knowledge-aware network for news recommendation. Proceedings of the 27th International Conference on World Wide Web (WWW'18), 2018: 1835-18443.

[19] Hu L M, Yang T C, Zhang L H, et al. Compare to the knowledge: graph neural fake news detection with external knowledge. Proceedings of the 59th Annual Meeting of the Association for Computational Linguistics and the 11th International Joint Conference on Natural Language Processing (ACL-IJCNLP'21), 2021: 754-763.

第5章 融合传播的虚假信息检测模型

5.1 引言

社会心理学文献中谣言的定义是：一条论述或故事在发布时其真实性是未知的或故意虚假的[1]。由于如推特等社交媒体的开放性和便利性，在社交媒体上发布和传播谣言很容易。而社交媒体上携带不真实甚至是恶意的谣言信息将对社会和个人产生负面影响。比如，2016年美国大选期间在推特上流传的关于唐纳德特朗普和希拉里克林顿的谣言达500多条[2]。推特上传播的谣言极大地损坏了候选人的声誉从而影响了选民的判断，最终影响了美国大选的结果。因此，在社交媒体上传播的谣言被广泛传播之前对其进行检测是非常可取的，并且对社会有益。

然而，谣言检测并非是微不足道的而是具有挑战性的，因为它通常需要调查性的新闻报道和对可疑声明进行检查，而这是劳动密集型的且耗时的。由于社交媒体的扩散导致不断增加的信息负载和动态变化使情况变得更糟[3]。因此，有必要研究自动和辅助方法来促进谣言的实时检测。

对于谣言的自动检测技术，大部分研究集中于利用基于特征工程[4-7]或深度学习[8,9]的有监督学习模型来挖掘博文序列中的文本信息。同时，另一类工作提供了一套可替代的且有前景的解决方案，即专注于挖掘消息传播的空间结构信息。沿着这一思路，像基于核的方法[10,11]被提出用于建模传播树的空间结构，从而通过比较基于树的相似度来区分谣言和非谣言陈述。文献[3]尝试利用递归神经网络建模非序列传播树结构以学习可辨别的特征，从而生成强有力的表示用于识别不同类型的谣言。

近年来基于传播树结构(即时空结构)的方法引起了越来越多的关注。然而，这些方法极大地忽视了与消息传播树结构相关联的时序结构信息，这里所指的时序结构是消息传播中所有消息的时序信息。需要指出的是，传播树结构通过比较他们的时序结构会有很大的不同，我们以图5.1为例解释这一观点。在空间结构上消息传播树图5.1(a)~(c)是等价的，即共有同一空间结构，而他们的时序结构彼此间是不同的。

图 5.1(a)~(c)共有树结构: $s \to r_1 \to r_3, s \to r_1 \to r_4, s \to r_2$。然而，三者的时序结构是不同的，分别是：(a) $s \to r_1 \to r_2 \to r_3 \to r_4$，(b) $s \to r_1 \to r_4 \to r_3 \to r_2$，(c) $s \to r_1 \to r_3 \to r_2 \to r_4$。其中 s 表示消息传播的源博文，r_1, r_2, r_3, r_4 表示回复

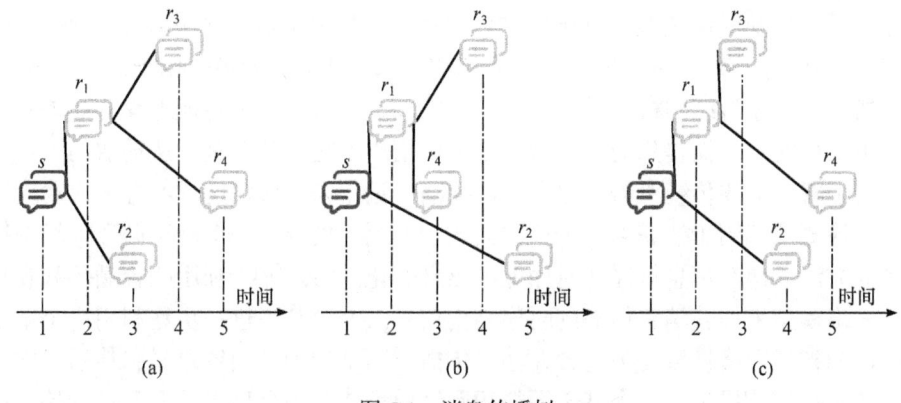

图 5.1 消息传播树

性博文(如博文回复或转发)。换句话说,消息传播树图(a)~(c)在一个更细粒度的视角下(即时空结构中)是彼此不同的。这一观察引出了一个很自然的问题:我们如何从时空视角来建模消息传播树,从而更进一步提升谣言自动检测的性能?

为此,在本章中我们提出了一种用于谣言检测的时空结构神经网络(spatial-temporal structure neural network),记为 STS-NN,它将消息传播的空间结构和时序结构视为一个整体进行建模。具体来说,所提出的 STS-NN 首先将消息传播视为时间顺序排列的消息序列,然后利用 STS-NN 单元对序列中的每条消息建模。所有的时空神经网络单元是参数共享的且由三个模块组成:空间捕获器、时序捕获器和集成器,以捕获每条消息的时空结构信息。整个时空结构神经网络可看作是循环神经网络的加强版,而且每个时空结构神经网络单元不仅能捕获时序结构信息而且能捕获空间结构信息。本章在两个公开的推文数据集上对所提的方法进行了评价,实验结果表明本章所提方法在谣言分类和早期检测任务上均取得了优于基准方法的性能。

5.2 基于时空结构的谣言检测模型

5.2.1 背景

大部分早期的谣言检测方法基于传统机器学习方法。此类方法利用从消息传播中抽取的基于内容、基于用户和基于传播特征学习不同的有监督学习模型[4,20]。随后,消息传播中包含的时序结构和空间结构也被证明能够为谣言检测提供有用的特征。比如,文献[5]提出了一个时序匹配模型以捕获消息传播的时序结构信息用于谣言检测。Ma 等[7]提出建模社交上下文特征在时序上的变化以捕获消息传播的时序结构特征。Wu 等[10]将消息传播的空间结构建模为传播树且利用由径向基核函数和基于随机游走的图核函数混合核函数扩展支持向量机分类器以检测新浪微博中的谣言信息。Ma 等[11]利用基于图核方法来捕获消息传播的高阶模式用于谣言检测。

然而,上述传统的机器学习方法依赖于大量的预处理和特征工程从而耗时耗力。更糟糕的是上面提到的一些特征是不可用、不充分甚至是无法提取的。

为了解决上述传统机器学习方法的缺陷,近年来一些深度学习方法成功应用于谣言检测领域用于捕获谣言传播的模式。Ma 等[8]提出了一个基于循环神经网络模型的方法以捕获消息传播在时序上的语义变化。Liu 等[16]利用联合循环和卷积神经网络模型来捕获消息传播的时序结构信息。Ma 等[3]更进一步地利用一个基于树的递归神经网络模型建模包含在消息传播空间结构中的内容语义和传播线索特征。Huang 等[21]提出了一个基于图卷积网络模型捕获消息传播的空间结构特征用于谣言检测。

一般而言,消息传播同时包含时序结构和空间结构特征。然而,现有的基于深度学习方法分别将时序结构和空间结构建模,且在模型视角上未将其看作一个整体。为解决上述问题,本章提出了 STS-NN 来建模消息传播用于谣言检测。

5.2.2 算法模型

给定消息传播集合 $P = \{P_1, P_2, \cdots, P_{|P|}\}$,每条消息传播 P_i 表示为:$P_i := \{s_i, r_{i,1}, r_{i,2}, \cdots, r_{i,|P_i|-1}\}$,其中 s_i 表示每条消息传播的源博文,每条消息 r_i 表示和源博文 s_i 相关的回复性博文(回复博文或转发博文);此处假定相关的回复博文按时间顺序排序,即如果时间戳 $j' < j''$ 则消息 $r_{i,j'}$ 的发布时间早于消息 $r_{i,j''}$ 的发布时间。在消息传播 P_i 中消息 s_i 的发布时间最早。需要注意的是,尽管消息是按时间顺序排序的,但他们之间存在基于转发或回复操作的关联。具体地,在本章中将传播 P_i 的拓扑结构建模为树结构 $T_i = \langle P_i, E_i \rangle$,其中 E_i 表示消息间转发或回复关系的有向边集合。比如,图 5.1 中任意消息传播树结构中均有四条边,即边 (s, r_1)、(r_1, r_3)、(r_1, r_4)和(s, r_2)。

对于每条传播 P_i 都标记为标签集 C 中的某一标签类,标签集包括四类:非谣言(non-rumr)、假谣言(false rumor)、真谣言(true rumor)和未知谣言(unverified rumor)[12]。本章将谣言检测形式化为有监督分类问题,旨在学习一个从 P 映射到 C 的分类器。

STS-NN 旨在从时空视角建模消息传播。相对于单独建模空间或时序结构的模型,STS-NN 模型将空间结构和时序结构看作一个整体。与循环神经网络一样,STS-NN 模型将消息传播看作按时间排序的消息序列,然后利用 STS-NN 单元按序建模每条消息。STS-NN 模型中每个 STS-NN 单元共享参数且由空间捕获器、时序捕获器和集成器三部分组成,以捕获每条消息的时空信息。

具体地，对于给定消息传播 $P_i:=\{s_i,r_{i,1},r_{i,2},\cdots,r_{i,|P|-1}\}$，其中 s 表示消息传播的源消息，r 表示与源消息相关的回复性消息(转发消息或回复消息)，假定在消息传播 P 中的所有消息是按时间顺序点排列的，其代表了消息传播的时序结构。为方便起见，下面源消息 s 由 r_0 表示。对于每个时间点 $t\in(0,1,\cdots,|P|-1)$ 发布的消息，在数据处理过程中本章将消息 r_t 所包含的所有词项的词嵌入表示之和作为消息 r_t 的表示并记为 x_t。本章中词项的词嵌入表示由最先进的 word2vec[13]方法得到。消息传播 P 的空间结构建模为树 $T=\langle P,E\rangle$，其中 E 表示消息间的转发或回复关系得到的有向边集合。

具体地，假设消息 r_t 是对消息 $r_{t'}$ 的一条转发或回复，则存在一条有向边 $(r_{t'},r_t)\in E$ 且 $0\leqslant t'<t\leqslant|P|-1$。为了更好地描述本章所提的 STS-NN 模型，下面介绍两个定义。

定义 1 在一条给定的消息传播 $P:=\{r_0,r_1,\cdots,r_{|P|-1}\}$ 中，消息 r_{t-1} 表示为消息 r_t 在时序结构上的前一条消息，其中 $t=1,2,\cdots,|P|-1$。

定义 2 假定存在有向边 $(r_{t'},r_t)\in E$ 且消息 $r_{t'}$ 是消息 r_t 的父节点消息，本章将消息 r_t 的父节点消息记为 $p(r_t)$。

需要注意的是：对于源消息 r_0，其在时序结构上没有前序消息；由于树结构的特性，父消息对于非源消息是独有的且消息传播源消息没有父节点消息。以图 5.1(a)为例，消息 r_1 和 r_2 的父节点为消息 $s(r_0)$，消息 r_3 和 r_4 的父节点为 r_1 且对于源消息 $s(r_0)$ 是没有父节点的。此外，对于消息 r_t，其父节点消息 $p(r_t)$ 的发布时间一定不晚于其前一条消息 r_{t-1} 的发布时间。

图 5.2 阐明了本章所提的时空神经网络单元(STS-NN unit)的架构，图中 h_{r_t} 表示消息传播 P 传播至 r_t 时的隐状态表示，h'_{r_t} 表示消息传播 P 传播至消息 r_t 时的时

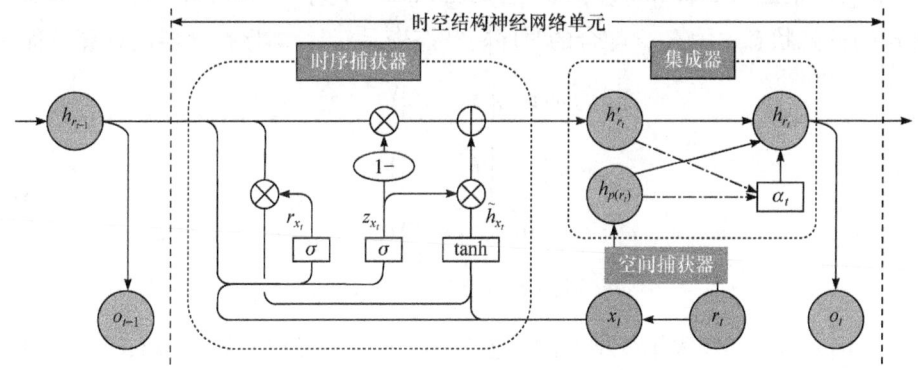

图 5.2 时空结构神经网络单元架构

序隐状态表示，o_t 表示基于隐状态表示 h_{r_t} 得到的分类结果输出。STS-NN 单元由空间捕获器、时序捕获器和集成器三个模块组成，用来捕获传播至当前消息的时空结构信息。对于当前消息 r_t，空间捕获器用来收集该消息的父节点消息 $p(r_t)$ 信息，时序捕获器利用一个门循环单元处理该消息前一个消息 r_{t-1} 的信息，而集成器使用注意力机制融合上述模块得到的信息以获得隐状态表示 h_{r_t}，作为后续 STS-NN 单元的输入。

按照时间顺序，消息传播 P 中的消息按顺序输入至时空结构神经网络单元中，形成包含 $|P|$ 个时空结构神经网络单元的神经网络链。为了保持时空结构神经网络单元的连续性，源消息 r_0 时序上的前一条消息和父节点消息均记为空消息 ϕ，即 $r_{-1} := \phi$ 和 $p(r_0) := \phi$。并且它们相对应的隐状态初始化为 0，即 $h_{r_{-1}} = h_{p(r_0)} = 0$。

下面详细介绍时空神经网络单元中各个组成模块。

1) 空间捕获器

给定 $0 \leqslant t \leqslant |P|-1$ 的当前消息 r_t，空间捕获器旨在收集该消息父节点消息 $p(r_t)$ 的隐状态表示 $h_{p(r_t)}$ 以捕获消息传播的空间结构信息。以图 5.1(a) 中传播为例，当时空结构神经网络单元计算消息 r_1 和 r_2 的隐状态表示时，时空捕获器将为它们收集消息 $s(r_0)$ 的隐状态表示。类似地，当计算消息 r_3 和 r_4 的隐状态表示时，时空捕获器将为它们收集消息 r_1 的隐状态表示。需要指出的是，在执行到当前时空结构神经网络单元时当前消息父节点消息的隐状态表示 $h_{p(r_t)}$ 已计算得到，因为在消息传播 P 中父节点消息 $p(r_t)$ 先于 r_t 传播。

2) 时序捕获器

对于当前消息 r_t，时序捕获器设计用来捕获消息传播 P 中的时序结构特征。考虑到消息传播的时序结构建模为消息序列，本章的时序捕获器利用一个门循环单元[14]来建模消息序列以捕获消息传播的时序结构信息。时序捕获器的输入是当前节点 r_t 的消息表示 x_t 和前序消息 r_{t-1} 的隐状态表示 $h_{r_{t-1}}$。其输出是将与父节点消息 $p(r_t)$ 的隐状态表示 $h_{p(r_t)}$ 融合的时序隐状态表示 h'_{r_t}。时序捕获器的计算过程为

$$\begin{aligned}
r_{x_t} &= \sigma\left(W_r \cdot \left[h_{r_{t-1}}, x_t\right]\right) \\
z_{x_t} &= \sigma\left(W_z \cdot \left[h_{r_{t-1}}, x_t\right]\right) \\
\tilde{h}_{x_t} &= \tanh\left(W_h \cdot \left[r_{x_t} \odot h_{r_{t-1}}, x_t\right]\right) \\
h'_{r_t} &= \left(1 - z_{x_t}\right) \odot h_{r_{t-1}} + z_{x_t} \odot \tilde{h}_{x_t}
\end{aligned} \tag{5-1}$$

其中，W_r、W_z、W_h 表示待学习的权重矩阵。其他符号和常规的 GRU 含义一样：$\odot$ 表示按位乘法，更新门 z_{x_t} 决定了前序消息 r_t 的隐状态表示 $h_{r_{t-1}}$ 有多少信息能集

成到当前消息 r_t 的时序隐状态表示 h'_{r_t} 中,重置门 r_{x_t} 决定了如何集成前序消息 r_{t-1} 隐状态表示 $h_{r_{t-1}}$ 和消息表示 x_t , $\tilde{h}_{r_{t-1}}$ 是时序隐状态表示 h_{r_t} 的候选激活表示。

3) 集成器

经过上述模块后,我们得到了消息传播 P 传播至消息 r_t 基于时空结构的时序隐状态表示 h'_{r_t} 和空间结构表示 $h_{p(r_t)}$ 。为了有效地融合两种不同的表示,提出一个基于自注意力机制[15]的集成器,用来获得完整的隐状态表示 h_{r_t} 。本章的自注意力机制是一个两层的感知机,时序隐状态表示 h'_{r_t} 和空间隐状态表示 $h_{p(r_t)}$ 的系数计算公式形式化如下:

$$\alpha_h = \text{softmax}\left(\frac{a \cdot \tanh(Wh)}{\sum_{h' \in \{h'_{r_t}, h_{p(r_t)}\}} a \cdot \tanh(Wh')}\right) \quad (5\text{-}2)$$

其中, $h \in \{h'_{r_t}, h_{p(r_t)}\}$, a 和 W 分别表示待学习的权重向量和权重矩阵。然后两种表示聚合的形式化公式如下:

$$h_{r_t} = \sum_{h \in \{h'_{r_t}, h_{p(r_t)}\}} \alpha_h h \quad (5\text{-}3)$$

4) 输出

给定消息传播 P 传播至消息 r_t 的隐状态表示 h_{r_t} ,时空神经网络单元利用任意的 softmax 函数来预测消息传播 P 的类别作为模型的输出,表示为

$$o_t(P) = \text{softmax}(Vh_{r_t} + b) \quad (5\text{-}4)$$

其中, V 和 b 分别表示输出层中待学习的权重矩阵和偏置向量。输出结果 $o_t(P)$ 意味着时空神经网络模型可依赖消息传播 P 的部分信息以输出分类结果,即传播至当前消息 r_t 的信息而不是必须要消息传播 P 的全部信息。也就是说上述功能使得本章在实验部分的早期谣言检测任务成为可能。

5) 模型训练

给定消息传播集合 $P = \{P_1, P_2, \cdots, P_{|P|}\}$,其中每条消息传播 P_k 对应一个标签集合 C 的类别标签,该标签集合有四个细粒度类别。之后我们使用四位独热编码向量 y_k 表示每条消息传播 $P_k \in P$ 的类别标签。 为了完整地捕获消息传播的时空结构信息,本章利用如下所示结合正则项的交叉熵损失作为优化目标函数(即损失函数)用于模型训练:

$$\mathcal{L} = -\sum_{k=1}^{|P|} y_k^{\text{T}} \cdot \ln o_{|P_k|-1}(P_k) + \lambda \|\Theta\|_2^2 \quad (5\text{-}5)$$

其中，λ 表示损失函数的平衡系数，Θ 表示模型的所有参数，即 $\Theta = \{W_r, W_z, W_h, a, W, V, b\}$，且 $\|\Theta\|_2^2$ 表示防止过拟合的正则化项，$\|\Theta\|_2^2 := \|W_r\|_2^2 + \|W_z\|_2^2 + \|W_h\|_2^2 + \|a\|_2^2 + \|W\|_2^2 + \|V\|_2^2 + \|b\|_2^2$。公式(5-5)中的优化目标函数也可用以下公式替代作为另一种选择：

$$\mathcal{L} = -\sum_{k=1}^{|P|}\sum_{t=0}^{|P_k|-1} y_k^{\mathrm{T}} \cdot \ln o_t(P_k) + \lambda\|\Theta\|_2^2 \tag{5-6}$$

以使时空神经网络具备更好的早期检测能力。

利用反向传播和优化算法，本章可获得由公式(5-5)和公式(5-6)计算得到最小损失时的最优参数 $\Theta^* = \{W_r^*, W_z^*, W_h^*, a^*, W^*, V^*, b^*\}$。训练的时间复杂度为 $O\left(\sum_{P_i \in P}|P_i|\right)$，正比于时空神经网络单元的个数。

6) 基于时空神经网络模型的谣言检测

给定已训练好参数 Θ^* 的时空神经网络模型和一条新的消息传播 $P = \{r_0, r_1, \cdots, r_{|P|-1}\}$，谣言检测过程如算法 5.1 所示。其时间复杂度 $O(|P|)$ 正比于消息传播 P 的消息总数。当很多消息传播同时发生时，由于各个消息传播是互不干扰的提出的模型可并行计算判别谣言的类型。

算法 5.1　基于时空结构神经网络模型的谣言检测

输入：	模型参数 Θ^*，一条开始传播的消息传播 $P = \{r_0, r_1, \cdots, r_{|P|-1}\}$，其中消息传播中的消息按时间顺序排序且其空间结构为树 $T = \langle P, E \rangle$。
输出：	消息传播 P 属于每类标签的概率。
1:	初始化消息传播 P 中的所有消息 r_t 为 x_t，其值为消息 r_t 包含所有词项的词嵌入之和。
2:	初始化 $h_{r_{-1}} = h_{p(r_0)} = 0$。
3:	**for** $t = 0, 1, \cdots, |P|-1$ **do**
4:	利用空间捕获器得到空间隐状态表示 $h_{p(r_t)}$。
5:	根据公式(5.1)计算时序隐状态表示 h'_{r_t}。
6:	根据公式(5.2)计算得到时序结构信息权重 $\alpha_{h'_{r_t}}$ 和空间结构信息权重 $\alpha_{h_{p(r_t)}}$。
7:	利用公式(5.3)计算得到时空结构神经单元隐状态表示 h_{r_t}。
8:	**end for**
9:	根据公式(5.4)计算得到消息传播 P 的类别概率输出 $o_{|P|-1}(P)$。
10:	返回　消息传播树 P 的类别概率输出 $o_{|P|-1}(P)$ 值。

需要指出的是，算法 5.1 不仅能对已完成传播的消息传播分类也能对正在传播的消息传播分类。比如，假定一条消息传播 P' 正在传播且至当前时间为止传播了 T 条消息，在这种情况下我们可将消息传播 $P'=\{r_0,r_1,\cdots,r_{T-1}\}$ 输入算法 5.1 中得到分类概率分布 $o_{T-1}(P')$ 以对消息传播 P' 分类。我们利用这种思路在实验部分进行早期检测实验。

5.2.3 实验分析

1) 数据集

本章在两个公开的推特数据集 Twitter15 和 Twitter16 上进行了实验，两个推特数据集被广泛地应用在谣言检测领域[3,11,16,17]作为标准数据集。Twitter15 数据集包含 1490 条推文传播，Twitter16 数据集包含 818 条推文传播，数据集的详细信息如表 5.1 所示。数据集中每条推文传播均带有标签，标签为非谣言(non-rumor)、假谣言(false rumor)、真谣言(true rumor)或未知谣言(unverified rumor)。与对比文献[11]的设置一致，本章在数据集中采用五交叉验证并计算四类的宏平均准确率(记为 Acc.)和每类的 F_1 得分来评价模型的性能。

表 5.1　Twitter15 和 Twitter16 数据集信息统计表

统计量	Twitter15	Twitter16
源消息数	1,490	818
用户数	276,663	173,487
消息数	331,612	204,820
非谣言数	374	205
假谣言数	370	205
真谣言数	372	207
未知谣言数	374	201

2) 基准模型

本章将所提的时空结构神经网络模型与五种最先进的基准方法在谣言分类和早期检测任务上进行了比较。

(1) DTR：文献[18]提出的基于决策树排序模型，该模型对信号推文聚类并选取 k 类判定为假谣言。

(2) RFC：文献[5]提出的随机森林分类器，该方法利用消息传播的时序、结构和语言特征来识别假谣言。

(3) SVM-TK：一种基于树核计算传播树结构相似度的 SVM 分类器谣言检

测方法[11]。

(4) GRU-RNN：一种利用 GRU 单元建模相关消息序列结构的循环神经网络谣言检测方法[8]。

(5) TD-RvNN：基于消息传播自顶向下遍历方向的递归神经网络谣言检测算法[3]。

需要注意的是，在谣言检测领域存在一些更强的自动检测方法，如 PPC[16] 和 GLAN[17]等，这些方法均利用了用户信息来指导模型的学习。在本章中我们主要关注当只有消息传播的时空结构信息可用时，谣言检测任务多大程度上能够得到解决。因此本章在实验中不跟上述利用用户信息的方法进行比较。

3) 实验设置

对于所有对比方法，本章采用相应论文中报告的默认优化设置。本章使用 Pytorch 实现所提的模型，采用 Adam 算法[19]优化模型参数，学习率初始设置为 0.005 且在训练过程中逐步递减。本章根据模型在验证集中的性能表现选择最优的模型参数，验证集从训练集中随机抽取出来得到，占整个数据集的10%。时空结构神经网络模型中的词嵌入维度设置为 300，隐状态表示 h_t 的输出维度为 100，训练集中的批处理大小为 64，本章将公式(5.5)作为模型的优化目标函数。

4) 实验结果及分析

表 5.2 是本章所提时空神经网络模型与基准方法的对比结果，表格中每列加粗项为取得最优性能项。表 5.2 表明在整体上本章所提的时空结构神经网络模型(STS-NN)在两个数据集上均优于最先进方法。具体地，本章所提方法在两个数据集上分别取得80.9%和 82.1%的准确率，比最优基准方法提升了 8.6%和 8.4%的准确率。对于非谣言类，基准方法 RFC 方法略优于本章所提的时空结构神经网络模型，这是因为 RFC 方法利用了传播过程中峰的个数作为时序特征，而该特征有助于非谣言类的鉴别且明显对其他类别助益不大。此外，基于深度学习方法性能整体上优于基于手工特征方法。比如，在第一类基于挖掘数据流中的文本特征方法中，GRU-RNN方法除了在非谣言检测性能上，其余均优于 DTR 和 RFC 算法。在第二类基于挖掘消息传播树结构特征的深度学习方法 TD-RvNN 也优于 SVM-TK 方法。上述结果表明，相较于深度学习方法，基于手工特征方法挖掘有效特征的能力更弱。

表 5.2 不同方法的谣言分类结果

方法	Acc.	非谣言	假谣言	真谣言	未知谣言
		Twitter15数据集			
		F_1	F_1	F_1	F_1
DTR	0.409	0.501	0.311	0.364	0.473

续表

方法	Acc.	非谣言 F_1	假谣言 F_1	真谣言 F_1	未知谣言 F_1
Twitter15数据集					
RFC	0.565	**0.810**	0.422	0.401	0.543
GRU-RNN	0.641	0.684	0.634	0.688	0.571
SVM-TK	0.667	0.619	0.669	0.772	0.645
TD-RvNN	0.723	0.682	0.758	0.821	0.654
STS-NN	**0.809**	0.797	**0.811**	**0.856**	**0.773**
Twitter16数据集					
DTR	0.414	0.394	0.273	0.630	0.344
RFC	0.585	**0.752**	0.415	0.547	0.563
GRU-RNN	0.633	0.617	0.715	0.577	0.527
SVM-TK	0.662	0.643	0.623	0.783	0.655
TD-RvNN	0.737	0.662	0.743	0.835	0.708
STS-NN	**0.821**	0.739	**0.814**	**0.883**	**0.847**

注：加粗项是每类指标的最优结果，方法 DTR、RFC 和 GRU-RNN 集中挖掘消息流的文本特征，方法 SVM-TK 和 TD-RvNN 集中挖掘消息传播的树结构特征。

进一步观察可知，集中挖掘消息传播空间结构的基于深度学习算法性能优于集中挖掘消息传播文本特征的深度学习算法。具体地，TD-RvNN 算法在 Twitter15 和 Twitter16 数据集上的检测准确率比 GRU-RNN 算法分别高 8.2%和 10.4%。这是因为循环神经网络(即 GRU-RNN)可看做是递归神经网络(即 TD-RvNN)处理满足非叶子节点只有一个子节点树的特例。此外，GRU-RNN 方法的输入是消息序列，因而忽视了消息传播的空间结构信息。

上述结论证明本章所提的时空结构神经网络模型的基本思想是正确且合理的，因为时空神经网络模型基于深度学习模型且挖掘消息传播的时空结构信息。

谣言的早期检测能在很大程度上减轻谣言传播的有害影响。本节中我们与基准方法比较以评价时空结构神经网络模型的早期检测性能。为此，本节设计了两种不同的场景来进行对比实验(图 5.3)。一种场景是利用消息传播最初的 s 小时内的信息对消息传播进行分类(即源消息发布后观察 s 小时的消息数据进行分类)，其中 $s = 0,1,2,4,8,12,24,36$。另一个场景是利用消息传播最初的 t 条消息信息对消息传播进行分类(即源消息发布后观察 t 条转发或回复消息进行分类)，

其中 $t=1,10,20,40,60,80,200,300$。

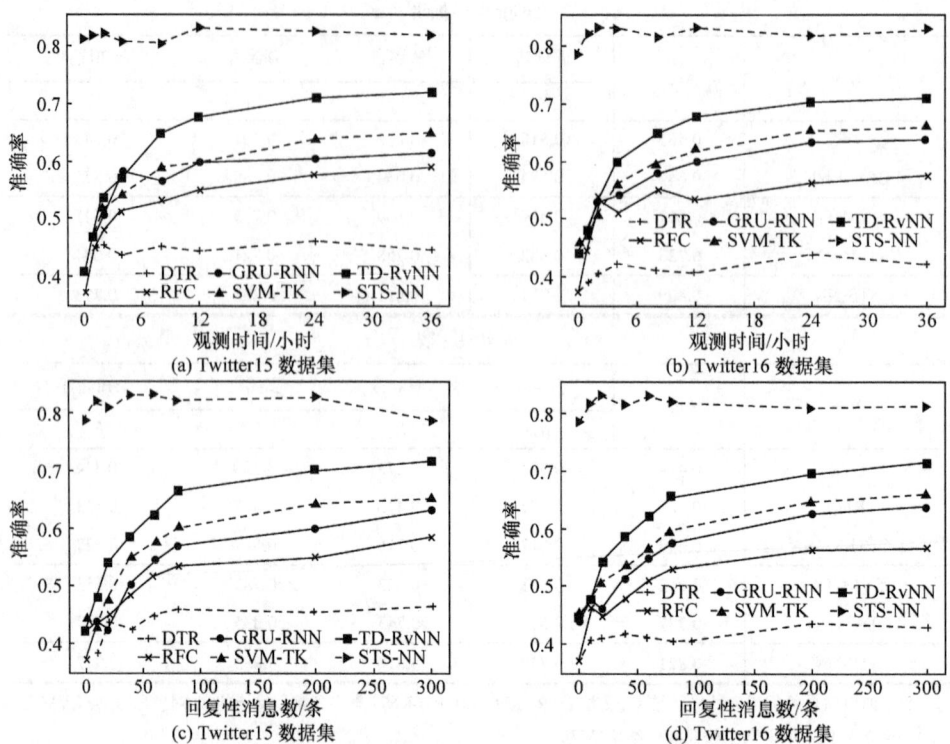

图 5.3 谣言的早期检测准确率随观察时间和回复消息数目的变化趋势

由图 5.3 可知，两种早期检测场景中本章所提的时空结构神经网络模型(STS-NN)在整个性能曲线上均优于最优的基准方法，这表明时空结构神经网络模型比基准方法具有更强的谣言早期检测能力。具体地，时空结构神经网络模型根据源消息发布后前 2 个小时的消息信息在 Twitter15 和 Twitter16 数据集上分别取得了 82.57%和 81.59%的准确率；时空神经网络模型根据源消息发布后前 40 条消息信息在 Twitter15 和 Twitter16 数据集分别取得了 81.2%和 83.5%的准确率。而对于基准方法，当根据源消息发布后前 2 个小时的信息时，DTR、GRU-RNN、TD-RvNN、RFC 和 SVM-TK 方法在 Twitter15 数据集上分别只取得了 39.5%、52%、52%、53%和 50%的准确率，而在 Twitter16 数据集上分别只取得了 45.5%、50.5%、53.5%、48%和 52%的准确率。类似地，当根据源博文发布后前 40 条消息时，上述基准方法在 Twitter15 数据集上分别只取得了 41%、50.5%、58%、47%和 53%的准确率，而在 Twitter16 数据集上分别只取得了 41.5%、49.5%、58%、47.5%和 54.5%的准确率。

此外，由图 5.3 可知当利用源博文发布后 2 小时内的消息信息时，时空结构神经网络模型的准确率会随着观测时间的增加而增加。类似地，在消息传播的早期阶段随着观测回复性消息数目的增加，模型的准确率也会有所增长。当观测时间超过 2 小时或观测的回复性消息超过 40 条时，可以发现时空结构神经网络模型的准确率会有轻微的抖动，这表明时空结构在消息传播早期对于谣言模式的识别是更精确和有价值的，而在传播的后期阶段可能会给谣言检测引入噪音。

为了研究时空结构神经网络单元中各个模块对谣言检测任务的贡献，在本节中对时空结构神经网络模型进行了消融实验。实验结果如表 5.3 和图 5.4 所示。

表 5.3 消融实验结果

Twitter15数据集					
方法	Acc.	非谣言 F_1	假谣言 F_1	真谣言 F_1	未知谣言 F_1
STS-NN	0.809	0.797	0.811	**0.856**	**0.773**
w/o Spatial	**0.812**	**0.863**	**0.816**	0.833	0.734
w/o Temporal	0.780	0.737	0.780	0.845	0.757
w/o Attention	0.801	0.831	0.780	0.831	0.760

Twitter16数据集					
方法	Acc.	非谣言 F_1	假谣言 F_1	真谣言 F_1	未知谣言 F_1
STS-NN	**0.821**	0.739	**0.814**	**0.883**	**0.847**
w/o Spatial	0.772	**0.790**	0.667	0.852	0.779
w/o Temporal	0.779	0.724	0.767	0.832	0.799
w/o Attention	0.799	0.780	0.731	0.870	0.814

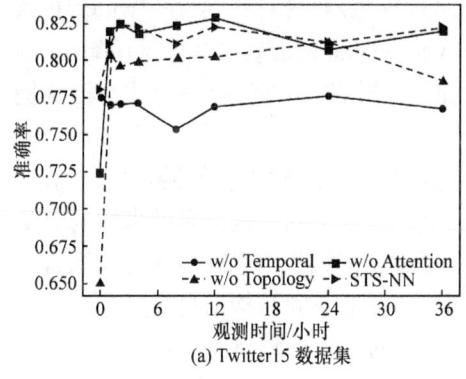

(a) Twitter15 数据集

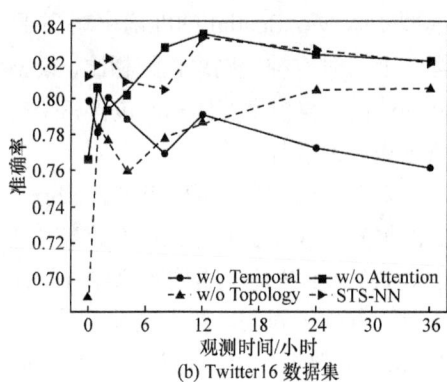

(b) Twitter16 数据集

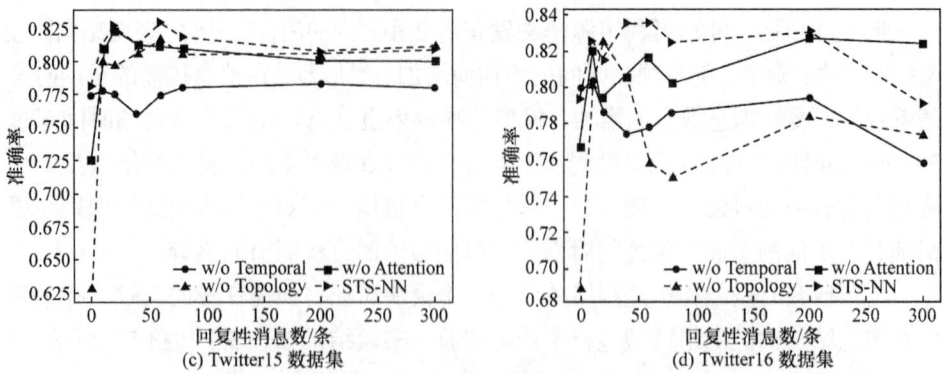

图 5.4 消融实验中谣言的早期检测准确率随观察时间和回复消息数目的变化趋势

消融实验包含以下三个时空结构神经网络单元变体。

(1) w/o Spatial：去除时空结构神经网络单元中的空间捕获器模块从而只利用时序结构信息用于谣言检测，即公式 3 用 $h_{r_t} = h'_{r_t}$ 替换。

(2) w/o Temporal：时空结构神经网络单元中的时序捕获器由单层感知机替代，即用 $h'_{r_t} := \delta(W' \cdot x_t)$ 替代公式 1。

(3) w/o Attention：将时空结构神经网络单元中的集成器用平均池化层进行替换，即公式 3 变为 $h_{r_t} = \frac{1}{2} h'_{r_t} + \frac{1}{2} h_{p(r_t)}$。

由表 5.3 可知，除了时空结构神经网络模型变体 w/o Spatial 在 Twitter15 数据集上的准确率比时空结构神经网络稍微高点外，相比于时空结构神经网络模型其他模型变体准确率均有一定的降低。具体地，当去除空间捕获器时，模型准确率在 Twitter16 数据集上下降了 4.9%；替换了时序捕获器的模型在 Twitter15 和 Twitter16 数据集上准确率分别下降了 2.9% 和 4.2%；模型替换集成器后的准确率在两个数据集上分别从 80.9% 和 82.1% 下降至 80.1% 和 79.9%。尽管在 Twitter15 数据集上模型变体 w/o Spatial 的准确率略高于时空结构神经网络模型，但在 Twitter16 数据集上与时空神经网络模型相比，模型变体 w/o Spatial 的准确率是急剧下降的。因此整体而言与模型变体相比包含三个模块的时空结构神经网络模型为谣言检测提供了更好的选择。

对于非谣言类，模型变体 w/o Spatial 的检测性能相比于时空神经网络模型有巨大的提升。这背后的原因是在推特中非谣言类的传播空间结构是多种多样的，从而导致时空结构神经网络模型在利用消息传播的空间结构信息时可能将非谣言类误分为其他谣言类。然而这并不是意味着消息传播的空间结构信息是无用的。在 Twitter16 数据集上对假谣言类检测时空间结构的缺失导致模型的性能(F_1 值)从 81.4% 降至 66.7% 的大幅度下降。同样的情况也发生在 Twitter15 和 Twitter16 数据集上的真谣言类和未知谣言类的检测上。

此外，本章也比较了时空神经网络模型与模型变体方法在早期检测任务上的性能。实验结果如图 5.4 所示，尽管时空神经网络模型的优势并不全面，但该模型为谣言检测提供一种整体上更好的选择。特别是时空神经网络模型在消息传播的早期阶段比消融变体方法更准确。

5.3 本章小结

本章提出了一种时空结构神经网络模型，将消息传播的时序结构和空间结构作为整体建模以检测谣言。时空结构神经网络模型首次将消息传播看作按时间排序的消息序列并利用时空结构神经网络单元对每条消息建模。时空结构神经网络模型中所有时空结构神经网络单元参数共享且由空间捕获器、时序捕获器和集成器组成以捕获每条消息的时空结构信息。在两个公开推特数据集上的实验结果表明时空结构神经网络模型性能优于最优基准方法。特别的是消息传播早期的时空结构信息对于谣言模式识别的时空结构神经网络模型更有价值。

参 考 文 献

[1] Nicholas D, Prashant B. Rumor Psychology: Social and Organizational Approaches. Washington, D C: Amer Psychological Assn, 2006.

[2] Jin Z W, Cao J, Guo H, et al. Detection and analysis of 2016 us presidential election related rumors on Twitter. International Conference on Social Computing, Behavioral-Cultural Modeling and Prediction and Behavior Representation in Modeling and Simulation, 2017: 14-24.

[3] Ma J, Gao W, Wong K F. Rumor detection on Twitter with tree-structured recursive neural networks. Proceedings of the 56th Annual Meeting of the Association for Computational Linguistics, 2018: 1980-1989.

[4] Castillo C, Mendoza M, Poblete B. Information credibility on Twitter. Proceedings of the 20th International Conference on World Wide Web, 2011: 675-684.

[5] Kwon S, Cha M, Jung K, et al. Prominent features of rumor propagation in online social media. 2013 IEEE the 13th International Conference on Data Mining, 2013: 1103-1108.

[6] Liu X M, Nourbakhsh A, Li Q Z, et al. Real-time rumor debunking on Twitter. Proceedings of the 24th ACM International on Conference on Information and Knowledge Management, 2015: 1867-1870.

[7] Ma J, Gao W, Wei Z Y, et al. Detect rumors using time series of social context information on microblogging websites. Proceedings of the 24th ACM International on Conference on Information and Knowledge Management, 2015: 1751-1754.

[8] Ma J, Gao W, Mitra P, et al. Detecting rumors from microblogs with recurrent neural networks. Proceedings of the 25th International Joint Conference on Artificial Intelligence, 2016:

3818-3824.

[9] Ruchansky N, Seo S Y, Liu Y. CSI: a hybrid deep model for fake news detection. Proceedings of the 2017 ACM on Conference on Information and Knowledge Management, 2017: 797-806.

[10] Wu K, Yang S, Zhu K Q. False rumors detection on Sina Weibo by propagation structures. IEEE the 31st International Conference on Data Engineering, 2015: 651-662.

[11] Ma J, Gao W, Wong K F. Detect rumors in microblog posts using propagation structure via kernel learning. Proceedings of the 55th Annual Meeting of the Association for Computational Linguistics, 2017: 708-717.

[12] Zubiaga A, Liakata M, Procter R, et al. Analysing how people orient to and spread rumours in social media by looking at conversational threads. PLoS One, 2016, 11(3): e0150989.

[13] Mikolov T, Sutskever I, Chen K, et al. Distributed representations of words and phrases and their compositionality. Advances in Neural Information Processing Systems, 2013: 3111-3119.

[14] Cho K, Merriënboer B V, Gulcehre C, et al. Learning phrase representations using RNN encoder–decoder for statistical machine translation. Proceedings of the 2014 Conference on Empirical Methods in Natural Language Processing (EMNLP), 2014: 1724-1734.

[15] Vaswani A, Shazeer N, Parmar N, et al. Attention is all you need. Advances in Neural Information Processing Systems, 2017: 5998-6008.

[16] Liu Y, Wu Y F B. Early detection of fake news on social media through propagation path classification with recurrent and convolutional networks. The 32nd AAAI Conference on Artificial Intelligence, 2018: 354-361.

[17] Yuan C, Ma Q, Zhou W, et al. Jointly embedding the local and global relations of heterogeneous graph for rumor detection. arXiv preprint arXiv:1909.04465, 2019.

[18] Zhao Z, Resnick P, Mei Q. Enquiring minds: early detection of rumors in social media from enquiry posts. Proceedings of the 24th International Conference on World Wide Web, 2015: 1395-1405.

[19] Kingma D P, Ba J. Adam: a method for stochastic optimization. arXiv preprint arXiv: 1412.6980, 2014.

[20] Yang F, Liu Y, Yu X, et al. Automatic detection of rumor on Sina Weibo. Proceedings of the ACM SIGKDD Workshop on Mining Data Semantics, 2012: 13.

[21] Huang Q, Zhou C, Wu J, et al. Deep structure learning for rumor detection on Twitter. IEEE 2019 International Joint Conference on Neural Networks (IJCNN), 2019: 1-8.

第 6 章　融合用户的虚假信息检测模型

6.1　引　　言

谣言通常被定义为真实值未经验证或故意虚假的信息陈述[1]。携带不真实甚至恶意信息的谣言在社交媒体上的传播会给个人和社会带来巨大的伤害。如 2016 年美国总统大选期间，推特上传播的 529 条关于唐纳德·特朗普和希拉里·克林顿的谣言[2]极大地损害了总统候选人的声誉，并影响了选民的判断。因此，准确且及时地识别谣言的自动谣言检测技术尤为重要。

现有的大多数谣言检测方法都是基于统计机器学习的方法。此类方法将谣言检测视为一个有监督的分类问题，并使用特征工程方法从连续的微博流中挖掘有效特征[3-7]，包括基于内容、用户和传播的特征被集成用于谣言检测。近年来，受启发于神经网络模型在其他任务上的成功，一些基于神经网络的模型被提出用于谣言检测。Ma 等[8]提出了一种基于循环神经网络的模型来捕捉相关推文上下文信息的变化特征以检测谣言。为了聚焦谣言检测任务的关键因素，Chen 等[9]和 Guo 等[10]在基于神经网络谣言检测模型中引入了注意机制[11]。谣言检测方法的另一分支侧重于挖掘谣言的传播结构模式。Wu 等[12]和 Ma 等[13]提出了一种计算谣言和非谣言传播树结构的相似度来识别谣言和非谣言的基于核模型。为了学习谣言传播结构的高级特征表示，Ma 等[14]提出了一种基于递归神经网络(RvNN)的谣言检测方法来表示文本内容语义和传播线索特征。在相近的假新闻检测领域，Ruchansky 等[15]提出利用奇异值分解法处理用户行为信息矩阵。

研究[16]表明造谣者会提前部署一群忠实的推动者来宣传和传播虚假谣言以扩大谣言的受众范围。在小规模数据集上的分析发现，社交媒体上经常存在用户群体大量宣传虚假谣言，尤其是在谣言发布之后。然而，以往的检测方法对用户信息关注得不多从而忽略了用户关系网络的结构特征，由用户行为构成的关系网络在专业上一般可用图表示。由于社交媒体中的用户数量众多，由用户行为构成的图的边是稀疏的，因此在对用户建模时需克服关系图边的稀疏性才能提取有效信息。对于图结构数据，图卷积网络通过集成节点的邻域表示更新图中节点表示从而能够直接对图进行操作。

本章中我们提出了一种利用图卷积网络学习用户表示的社交媒体谣言检测模型。该模型由三个模块组成：用户编码器、传播树编码器和集成器。用户编码器利用图卷积网络建模由用户行为信息构成的图以获得用户的表示；传播树编码器利用递归神经网络建模传播树结构得到桥连内容语义和传播线索信息的表示向量；集成器使用一个全连接层将上述模块的输出向量融合以检测谣言。

6.2 基于用户行为的谣言检测模型

6.2.1 背景

现有的大多数谣言检测方法都是基于统计机器学习的方法。此类方法设计了一系列有效的特征来识别谣言。这些特征包含三类：基于内容、基于用户和基于传播特征。基于内容的特征包括长度、符号、情感、URL、hashtags[3]、词汇及其词性等[17]。基于用户的特征是用户的注册年龄、朋友关系、活跃水平和历史行为等统计量[3]。基于传播的特征包括传播树的深度、评论数量、转发数量等[3]。随后，Kwon等考虑特征随时间的变化特征[4]提出了一种基于推文数量随时序变化特征的时间序列拟合模型。在他们的研究基础上，Ma等[6]提出了一种考虑更多社交上下文特征随时序变化特征的模型。上述方法是劳动密集型的并且过度简化了谣言检测的特征。为了减轻特征工程的消耗，Zhao等[18]提供了一组正则表达式(如"really?""not true"等)用于查询包含验证问题或纠正的推文。但由于正则表达式的限制，该方法召回率较低。Ma等[8]提出利用循环神经网络(RNN)来学习有关推文的上下文特征随时间变化的向量表示。最近，考虑到谣言检测和立场检测任务之间的相互促进作用，他们提出了一种多任务神经学习框架来同时提升谣言检测和立场检测的性能[19]。

谣言检测领域的另一个分支方法侧重于挖掘谣言传播的特定结构模式。Wu等[12]第一个使用基于核的方法对传播结构建模以检测谣言。他们提出了一种由RBF核和基于随机游走图核组成的混合核函数SVM分类器对谣言进行检测。Ma等[13]提出了一种基于树的模型来计算两个传播树的相似度以识别推特中不同类型的谣言。之后，Ma等[14]研究了一种递归神经网络桥接谣言的内容语义和传播线索特征，以学习一个高级和自然的特征表示用于谣言检测。

然而，无论是基于内容、用户、传播过程中随时序变化的统计特征建模，还是基于核的传播树建模，这些方法都没有充分考虑用户的信息。除了粉丝数、好友数、注册年龄、账号是否经过验证等用户统计特征外，用户之间还存在关系网络信息。根据社交网络平台的特点，我们构建了一个基于用户在推特上参与每个信息陈述行为信息的用户关系网络，而用户行为信息有时也决定了用户的权威和可信度。因此，本章考虑将用户行为关系网络信息融合到谣言检测方法中。

最近，图神经网络引起了学术界的广泛关注[20-27]。一些研究人员已扩展了像

CNN一样成熟的神经网络模型[28-30]以应用于任意结构图形的规则网格结构(二维网格或一维系列)。基于他们的开创性工作,Kipf等[31]提出了一个简单的图神经网络模型,即图神经网络(GCN)。该模型在图数据集中取得了比基准方法更优的结果。此外,GCN也被扩展到各种应用中,如文本分类[31,32]、关系提取[33]、图像分类[34-36]、分子指纹[37,38]和蛋白质界面预测[39]等应用。对于任务中的非结构化数据,研究人员利用外部资源的图结构数据或假设任务中的关系结构,然后利用图卷积网络直接对图进行操作以提升任务的性能。本章中我们考虑将用户行为关系信息融入谣言检测方法中以提升检测性能,且用户行为关系网络显然可用图进行表示。基于图卷积网络在图结构数据表示方面的优异性能,本章提出利用图卷积网络对用户建模以辅助检测谣言。

6.2.2 算法模型

本章将谣言检测数据集定义为元组集合 $Eg = \{Eg_1, Eg_2, \cdots, Eg_{|Eg|}\}$,其中每个元组包含一个声明集和一组声明相应的用户集,即 $Eg_i = \{C_i, U_i\}$。C_i 表示由源推文和按时间顺序排列的推文集合,即 $C_i = \{r_i, x_{i1}, x_{i2}, \cdots, x_{im}\}$,其中每个 x_{i*} 表示转发根推文 r_i 的推文或回复 r_i 的推文。U_i 表示声明集合 C_i 中每个推文对应的发布者,即 $U_i = \{u_{r_i}, u_{x_{i1}}, u_{x_{i2}}, \cdots, u_{x_{im}}\}$。根据推文间的回复或转发关系,可将 C_i 构建为以 r_i 为根节点的传播树结构[12-14],实例如图6.1所示。用户在不同 C_i 中的共现关系可构建用户图 $G = (V, E)$,其中 V 表示图中的节点集合,E 表示图的边集合。元组 Eg 中的所有用户构成节点集合 V,用户间的行为决定他们的共现关系组成图的边集合 E。

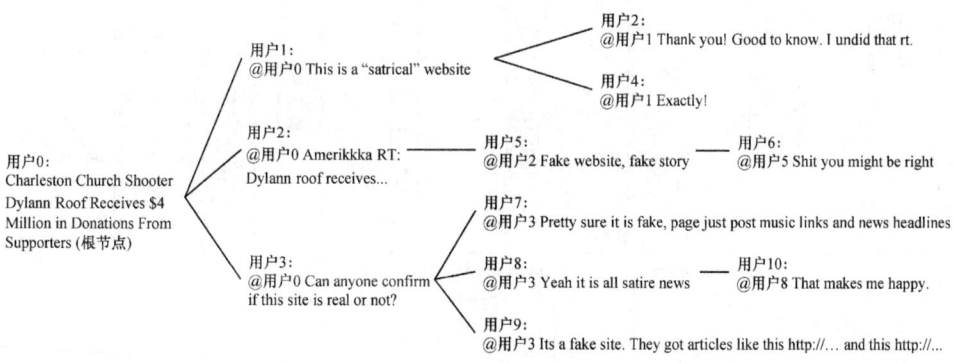

图6.1 传播树结构示例

谣言检测任务的目标是构建一个分类器用于确定元组中的声明信息是否为谣言。分类器可形式化为函数 $f: C_i \to Y_i$,其中 Y_i 表示为以下类别之一:非谣言、虚假谣言、真谣言和未经证实谣言,这些谣言类别已在之前的工作中进行了介绍[13,14,40]。为了构建更有效的分类器,本章利用不同的神经网络来捕获传播树和用户图的特征信息。

本节中,我们将详细介绍模型的框架。模型由用户编码器、捕获文本语义的传播树结构编码器和集成器组成(图 6.2)。

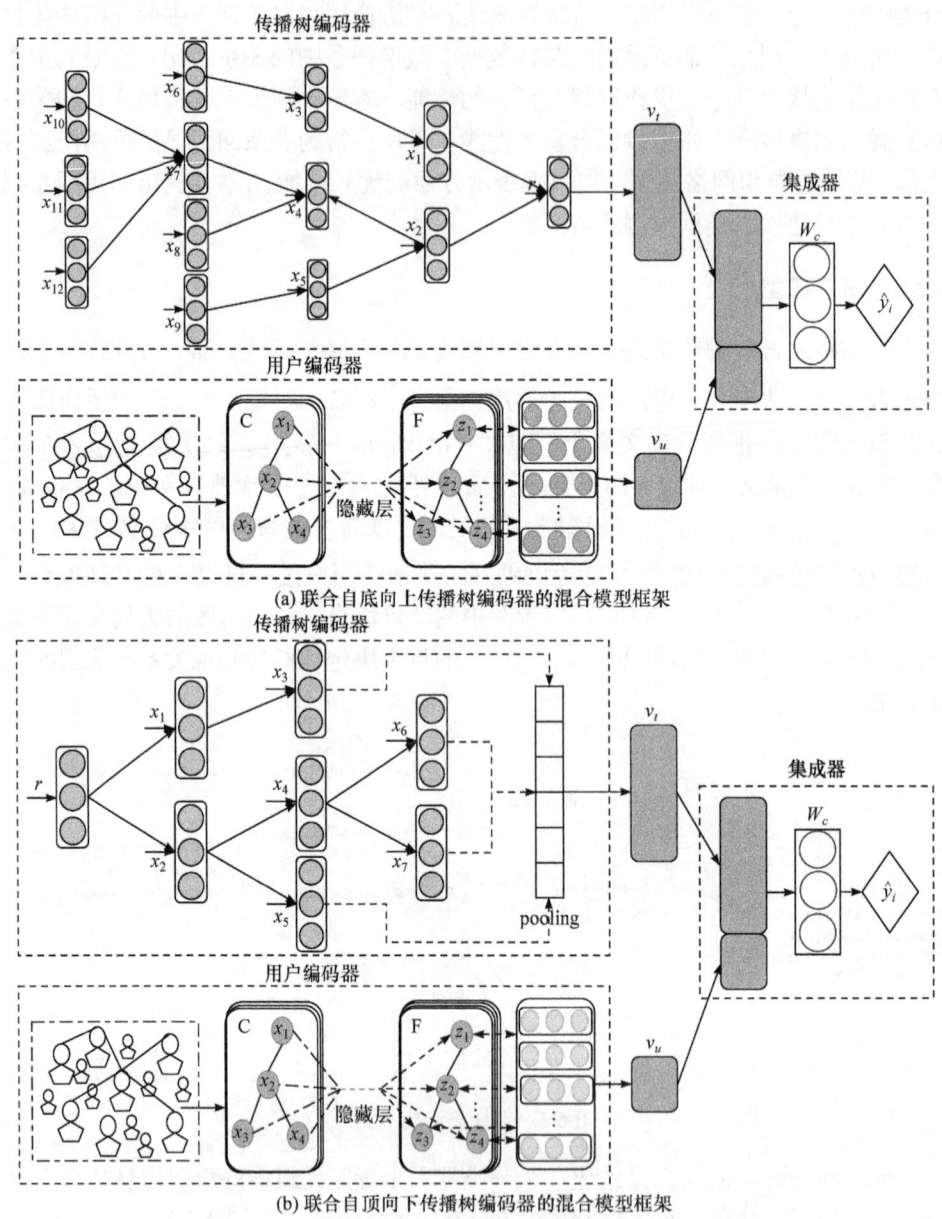

图 6.2　混合神经网络谣言检测模型框架

1) 用户编码器

在用户编码器模块中，本章尝试考虑更全面和有效的用户信息，包括用户特征及其行为信息。也就是说除了大多数研究者使用的基于统计的用户特征(如关注者数量、粉丝数量和注册年龄等)外，我们还希望捕获行为信息。此外，我们结合基于统计的用户特征和用户行为信息以获取更有效且自动地获得用户高阶表示。

本章使用 GCN 作为用户编码器模块的核心部分，因为 GCN 已被证明可有效捕获图结构数据中的节点特征和结构特征信息。GCN 是可以直接在图上执行的多层神经网络，且可根据节点的邻域节点属性更新节点的表示。在 Kipf 等[31]的工作中 GCN 已被证明其在节点分类任务中的有效性，由 GCN 构建的分类器可以通过学习节点的邻域特征为节点分类问题提供有效信息。此外，GCN 的节点表示是集成直接邻居的信息(即一层卷积)还是 k 级跃点的邻居信息(即 K 层彼此堆叠)取决于卷积层的层数。

更正式地，GCN 处理无向图 $G=(V,E)$，其中 $V(|V|=n)$ 和 E 分别表示节点集合和边集合。图中每个节点都假定为自循环，即 $(v,v) \in E$。图中所有节点的特征可表示为矩阵 $X \in \mathbb{R}^{n \times m}$，其中 m 表示节点特征向量的维度。矩阵的每一行 $x_v \in \mathbb{R}^m (v \in V)$ 表示图中节点 v 的特征向量。我们采用邻接矩阵 A 及其度矩阵 $\tilde{D}$ 形式化图的边集，其中 $\tilde{D}_{ii} = \sum_j A_{i,j}$。由于图节点是自连接的，邻接矩阵 A 中对角线元素值为 1。GCN 即可仅用单层卷积集成邻居节点信息，也可多层卷积集成更多层邻居信息。对于单层 GCN，更新后的 k 维节点特征矩阵 $L^{(1)} \in \mathbb{R}^{n \times k}$ 的计算公式表示为

$$L^{(1)} = \delta(\tilde{A}XW_0) \tag{6-1}$$

其中，W_0 是模型学习的权重矩阵；$\delta(\cdot)$ 表示激活函数，如 ReLU 函数 $\delta(x)=\max(0,x)$ 等。当 GCN 模型使用多层卷积以集成更多的邻域信息时，节点矩阵的更新公式为

$$L^{(j+1)} = \delta(AL^{(j)}W_j) \tag{6-2}$$

其中，j 表示卷积层的数量，且 $L^{(0)}=X$。

用户参与讨论不同信息陈述的行为构成用户的共现关系图，图中节点集合由发布谣言、转发或回复谣言推文的用户组成。用户节点集合的特征矩阵表示 X 由抽取用户简介信息特征表示得到，如粉丝数量、好友数量、是否经过验证等特征。邻接矩阵 A 中值的定义为

$$A_{i,j} = \begin{cases} 1, & u_i \text{和} u_j \text{共同参与同一论述} \\ 1, & i = j \\ 0, & \text{其他} \end{cases} \quad (6\text{-}3)$$

2) 传播树结构编码器

本章旨在利用传播树结构编码器捕获谣言传播树的结构和语义特征,因此我们使用 Ma 等[14]提出的基于树结构的递归神经网络来捕获传播线索和语义特征。由于树结构数据遍历的方向性,本章采用了两种不同的递归神经网络结构来建模传播树结构:自底向上递归神经网络编码器和自顶向下递归神经网络编码器(图 6.3)。

自底向上递归神经网络编码器采用自底向上的方式遍历整个树以得到根节点的表示,其中父节点的表示由其自身特征和其子节点的表示计算得到。然后,将根节点的表示作为传播树的嵌入表示。为了建模树节点中的长距离交互依赖,编码器使用扩展的门循环单元[41]实现递归神经网络。父节点表示的计算公式为

$$\begin{aligned} h_C &= \sum_{c \in C(j)} h_c \\ r_j &= \delta\left(W_r x_j + U_r h_C + b_r\right) \\ z_j &= \delta\left(W_z x_j + U_z h_C + b_z\right) \\ \tilde{h}_j &= \tanh\left(W_h x_j + U_h \left(h_C \odot r_j\right)\right) \\ h_j &= (1 - z_j) \odot h_C + z_j \odot \tilde{h}_j \end{aligned} \quad (6\text{-}4)$$

其中,$C(j)$ 表示父亲节点 j 的所有子节点集合,x_j 表示父亲节点 j 包含文本语义的向量表示。$\delta(\cdot)$ 表示 sigmod 函数,$\odot$ 表示逐元素乘法。$[W*, U*]$ 表示门循环单元的权重矩阵,b_* 表示偏置向量。h_j 和 h_c 分别表示节点 j 及其第 c 子节点的隐藏状态表示。

自顶向下递归神经网络编码器采用自顶向下的方式遍历整棵树。因此编码器在计算节点隐藏状态表示时考虑当前节点的特征和父节点的向量表示。因此,其隐藏状态表示 h_j 的计算公式没有公式(6-4)中的计算所有子节点之和的算式,且需将符号 h_C 替换为父节点的表示 h_P(见公式(6-5)所示)。最后,将树中的所有叶节点表示输入池化层得到传播树的嵌入表示 v_t。

$$\begin{aligned} r_j &= \delta\left(W_r x_j + U_r h_{P(j)} + b_r\right) \\ z_j &= \delta\left(W_z x_j + U_z h_{P(j)} + b_z\right) \\ \tilde{h}_j &= \tanh\left(W_h x_j + U_h \left(h_{P(j)} \odot r_j\right)\right) \\ h_j &= (1 - z_j) \odot h_{P(j)} + z_j \odot \tilde{h}_j \end{aligned} \quad (6\text{-}5)$$

第 6 章 融合用户的虚假信息检测模型

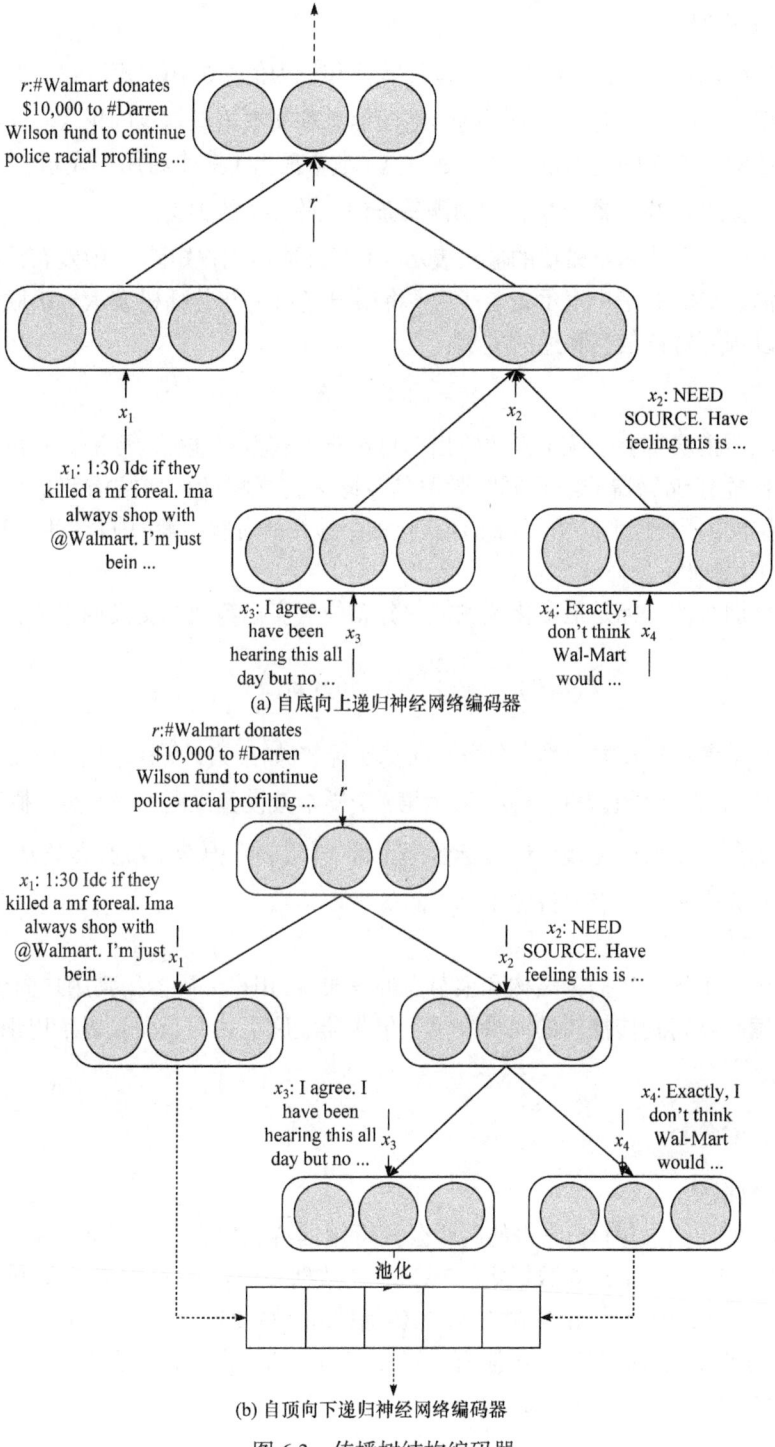

(a) 自底向上递归神经网络编码器

(b) 自顶向下递归神经网络编码器

图 6.3 传播树结构编码器

3) 集成器

用户编码器模块获取融合用户统计特征和行为信息的用户矩阵 $U \in \mathbb{R}^{n \times m}$。且传播树编码器模块获得一个融合树形结构信息和文本语义信息的树表示 $v \in \mathbb{R}^d$。为将上述两个模块的输出信息融合在一起，本章提出了一个将用户表示 v_{u_i} 和传播树表示 v_{t_i} 融合的集成器模块，以预测每条信息陈述 i 的类别。

为了融合上述两个模块的输出表示，本章抽取出用户矩阵 U 中发布传播树中根节点消息对应的用户表示 v_u。然后，将用户表示 v_u 与传播树表示 v_t 级联输入全连接层以预测每条信息陈述的类别：

$$y_i = \delta(w_c v_c + b_c) \tag{6-6}$$

集成器模块将上述两个模块输出信息融合以获得更准确的预测。利用用户编码器和传播树编码器的组合同时学习信息陈述传播树的传播结构信息和用户信息。因而本章所提模型几乎囊括了谣言检测中涉及的所有因素：内容、用户和传播。

4) 模型训练

模型训练的目标是最小化预测概率分布与真实标签间的交叉熵损失：

$$L(Y,P) = -\frac{1}{m} \sum_{i=1}^{M} \sum_{k=1}^{K} y_{i,k} \log(p_{i,k}) + \lambda \|\theta\|_2^2 \tag{6-7}$$

其中，$y_{i,k}$ 表示第 k 类中第 i 个样本的真实标签(如果第 i 个样本属于第 k 类，则 $y_{i,k}$ 值为 1，否则其值为 0)。$p_{i,k}$ 表示第 i 个样本被模型预测为第 k 类的概率。M 表示训练集的个数，K 表示谣言标签类个数，$\|\cdot\|_2^2$ 表示模型中所有参数 θ 的 L2 正则化项，λ 表示交叉熵损失和正则项间的平衡系数。

5) 谣言检测

给定一个谣言传播树结构和根节点的发布者，用户编码器得到用户向量表示，传播树编码器得到传播树的向量表示，集成器级联上述两个向量表示以识别谣言类型。

6.2.3 实验分析

1) 数据集

本章使用由文献[13]收集的两个公开可用推特数据集对模型进行实验评估，即 Twitter15 和 Twitter16 数据集。Twitter15 数据集包含 1381 条传播树和 276663 个用户；Twitter16 数据集包含 1181 条传播树和 173487 个用户。数据集中的每条传播树均被标记为非谣言、假谣言、真谣言和未知谣言四种类别之一。数据集更详细的统计数据如表 6.1 所示。

表 6.1　数据集信息统计表

统计量	Twitter15	Twitter16
用户数	276,663	173,487
源推文数	1,490	818
推文数	331,612	204,820
非谣言数	374	205
假谣言数	370	205
真谣言数	372	203
未知谣言数	374	203
传播树平均时长	1,337小时	848小时
传播树平均推文数	223	251
传播树最大推文数	1,768	2,765
传播树最小推文数	55	81

2) 基准模型

在谣言检测任务中,本章将所提的模型与一些最先进的基线方法进行了比较,包括一些基于特征的方法(即 DTR、DTC、RFC 和 SVM-TS),两种基于核的方法(即 SVM-TK 和 SVM-HK)和三种基于神经网络的方法(即 GRU-RNN、BU-RvNN 和 TD-RvNN)。这些算法在 3.3.3 节有详细介绍。

3) 实验设置

本章使用 Pytorch 框架实现递归神经网络和模型中的图卷积神经网络。实验评价时采用 5 倍交叉验证评价模型,并使用所有类的准确性和每个类别的 F_1 来评估模型的性能。

4) 实验结果及分析

如表 6.2 所示,本章提出的利用图卷积网络捕获用户嵌入表示的模型在两个数据集上基本取得了比其他方法更优的性能。由表可知第一组基于手动特征的四种基线方法性能均非常差,识别准确率在 0.409 和 0.585 之间。DTR 方法通过对根据正则表达式匹配得到候选谣言集进行排序以识别谣言,但实际上只有少数推文才能完全匹配正则表达式,因此其性能很差。与 DTC 方法相比,SVM-TS 和 RFC 方法考虑了手工特征在时间序列结构上的变化,因此它们的性能优于 DTC 方法。

表 6.2 谣言检测性能比较结果

Twitter15数据集

方法	Acc.	非谣言 F_1	假谣言 F_1	真谣言 F_1	未知谣言 F_1
DTR	0.409	0.501	0.311	0.364	0.473
DTC	0.454	0.733	0.355	0.317	0.415
RFC	0.565	**0.810**	0.422	0.401	0.543
SVM-TS	0.544	0.796	0.472	0.404	0.483
SVM-HK	0.493	0.650	0.439	0.342	0.336
SVM-TK	0.667	0.619	0.669	0.772	0.645
GRU-RNN	0.641	0.684	0.634	0.688	0.571
BU-RvNN	0.708	0.695	0.728	0.759	0.653
TD-RvNN	0.723	0.682	0.758	0.821	0.654
BU-Hybrid	0.738	0.796	0.713	0.773	0.663
TD-Hybrid	**0.752**	0.699	**0.773**	**0.831**	**0.709**

Twitter16数据集

方法	Acc.	非谣言 F_1	假谣言 F_1	真谣言 F_1	未知谣言 F_1
DTR	0.414	0.394	0.273	0.630	0.344
DTC	0.465	0.643	0.393	0.419	0.403
RFC	0.585	0.752	0.415	0.547	0.563
SVM-TS	0.574	**0.755**	0.420	0.571	0.526
SVM-HK	0.511	0.648	0.434	0.473	0.451
SVM-TK	0.662	0.643	0.623	0.783	0.655
GRU-RNN	0.633	0.617	0.715	0.577	0.527
BU-RvNN	0.718	0.723	0.712	0.779	0.659
TD-RvNN	0.737	0.662	0.743	0.835	0.708
BU-Hybrid	0.735	0.706	0.735	0.860	0.636
TD-Hybrid	**0.773**	0.716	**0.756**	**0.870**	**0.756**

当观察建模传播结构特征的方法性能时，除了 SVM-HK 方法之外，其他方法均优于基于手工特征的方法。且 TD-RvNN 方法在所有基线方法中取得了最佳的检测性能。这是因为谣言信息在社交媒体中传播的过程会被用户纠正一些不准确的信息，而 TD-RvNN 方法能有效地捕获这种自我纠正信息。

但是，所有基线都无法充分提取用户的信息，尤其是用户的行为信息。本章的模型利用图卷积网络学习用户表示，以对用户特征和行为进行建模。实验结果表明，本章模型已学习用于谣言检测的有效用户表示，且图卷积网络很好地捕获了图的节点属性和结构属性特征。

对于非谣言类，本章的方法在数据集上的检测性能弱于 RFC 和 SVM-TS 方法。与 RFC 和 SVM-TS 方法相比，本章模型不仅考虑了用户的统计特征，还考虑了用户行为信息。由于用户的群体性行为更容易传播谣言，因此当我们考虑用户行为信息时，可提高谣言检测的准确性。同时，它也会给其他谣言类型的检测带来了一些干扰。

为了验证用户编码器的有效性，本节设计了两种替代用户编码器模块的基准方法：①直接使用用户统计特征的方法(BU-features 和 TD-features)；②利用全连接层连接用户统计特征和由用户行为形成的邻接矩阵的低维表示(BU-SVD 和 TD-SVD)。

如表 6.3 所示，用户编码器有效地提高了谣言检测的效果。仔细观察可知用户编码在 Twitter15 数据集的性能表现更好，我们猜测可能是因为 Twitter15 数据集上的用户规模更大，因此用户编码器可以学习到更有效的用户表示。

表 6.3　模型结合自底向上传播树编码器的性能表现

方法	Acc.	非谣言 F_1	假谣言 F_1	真谣言 F_1	未知谣言 F_1
Twitter15数据集					
BU-Features	0.660	0.650	0.666	0.716	0.600
BU-SVD	0.675	0.663	0.673	0.759	0.607
BU-Hybrid	**0.738**	**0.796**	**0.713**	**0.773**	**0.663**
Twitter16数据集					
BU-features	0.663	0.565	0.705	0.766	0.587
BU-SVD	0.686	0.610	0.729	0.792	0.582
BU-Hybrid	**0.735**	**0.706**	**0.735**	**0.860**	**0.636**

由表 6.4 可知本章提出的结合自顶向下传播树编码器的模型性能低于基准方法。我们分析原因是自顶向下传播树编码器在得到传播树表示时融合了所有叶子节点的表示，而本章在集成用户表示时只选取了源推文发布者的用户表示集成。因此，级联两个向量时无法对信息有效融合从而导致检测效果不好。

表 6.4　模型结合自顶向下传播树编码器的性能表现

方法	Acc	非谣言	假谣言	真谣言	未知谣言
		F_1	F_1	F_1	F_1
Twitter15数据集					
TD-Features	**0.789**	0.732	**0.817**	0.872	**0.740**
TD-SVD	0.785	**0.743**	0.805	0.862	0.734
TD-Hybrid	0.752	0.699	0.773	0.831	0.709
Twitter16数据集					
TD-Features	**0.804**	**0.738**	0.781	0.924	**0.782**
TD-SVD	0.793	0.703	**0.786**	**0.927**	0.759
TD-Hybrid	0.773	0.716	0.756	0.87	0.756

6.3　本章小结

本章中我们提出了一种用于推特上谣言检测的混合神经网络模型。这是第一项使用图卷积网络对用户建模以辅助谣言检测的工作。该模型由用户编码器、传播树结构编码器和集成器三个模块组成。用户编码器模块利用图卷积网络对用户行为形成的图建模，传播树结构编码器使用递归神经网络建模传播树结构，集成器模型用于上述特征的集成表示。本章的模型考虑了谣言检测涉及的三个方面：内容、用户和传播。真实世界数据集上的实验结果表明本章的模型检测优于现有方法。

在以后的工作中，我们可以根据用户之间交互的立场为用户图中的边设置权重。此外，我们将进一步考虑将整个谣言数据集转换为图结构数据。

参 考 文 献

[1] Nicholas D, Prashant B. Rumor psychology: social and organizational approaches. Washington, D C: Amer Psychological Assn, 2006.

[2] Jin Z W, Cao J, Guo H, et al. Detection and analysis of 2016 us presidential election related rumors on Twitter. International Conference on Social Computing, Behavioral-Cultural Modeling and Prediction and Behavior Representation in Modeling and Simulation, 2017: 14-24.

[3] Castillo C, Mendoza M, Poblete B. Information credibility on Twitter. Proceedings of the 20th International Conference on World Wide Web, 2011: 675-684.

[4] Kwon S, Cha M, Jung K, et al. Prominent features of rumor propagation in online social media.

IEEE the 13th International Conference on Data Mining, 2013: 1103-1108.

[5] Liu X, Nourbakhsh A, Li Q, et al. Real-time rumor debunking on Twitter. Proceedings of the 24th ACM International on Conference on Information and Knowledge Management, 2015: 1867-1870.

[6] Ma J, Gao W, Wei Z, et al. Detect rumors using time series of social context information on microblogging websites. Proceedings of the 24th ACM International on Conference on Information and Knowledge Management, 2015: 1751-1754.

[7] Yang F, Liu Y, Yu X, et al. Automatic detection of rumor on Sina Weibo. Proceedings of the ACM SIGKDD Workshop on Mining Data Semantics, 2012: 1-7.

[8] Ma J, Gao W, Mitra P, et al. Detecting rumors from microblogs with recurrent neural networks. Proceedings of the 25th International Joint Conference on Artificial Intelligence, 2016: 3818-3824.

[9] Chen T, Li X, Yin H, et al. Call attention to rumors: deep attention based recurrent neural networks for early rumor detection. Pacific-Asia Conference on Knowledge Discovery and Data Mining, 2018: 40-52.

[10] Guo H, Cao J, Zhang Y, et al. Rumor detection with hierarchical social attention network. Proceedings of the 27th ACM International Conference on Information and Knowledge Management, 2018: 943-951.

[11] Shen T, Zhou T, Long G, et al. Disan: directional self-attention network for rnn/cnn-free language understanding. Proceedings of the AAAI Conference on Artificial Intelligence, 2018.

[12] Wu K, Yang S, Zhu K Q. False rumors detection on Sina Weibo by propagation structures. IEEE the 31st International Conference on Data Engineering, 2015: 651-662.

[13] Ma J, Gao W, Wong K F. Detect rumors in microblog posts using propagation structure via kernel learning. Association for Computational Linguistics, 2017.

[14] Ma J, Gao W, Wong K F. Rumor detection on Twitter with tree-structured recursive neural networks. Association for Computational Linguistics, 2018.

[15] Ruchansky N, Seo S, Liu Y. CSI: a hybrid deep model for fake news detection. Proceedings of the 2017 ACM on Conference on Information and Knowledge Management, 2017: 797-806.

[16] Alexander L. Social network analysis reveals full scale of kremlin's Twitter bot campaign. Global Voices, 2015.

[17] Qazvinian V, Rosengren E, Radev D, et al. Rumor has it: identifying misinformation in microblogs. Proceedings of the 2011 Conference on Empirical Methods in Natural Language Processing, 2011: 1589-1599.

[18] Zhao Z, Resnick P, Mei Q. Enquiring minds: early detection of rumors in social media from enquiry posts. Proceedings of the 24th International Conference on World Wide Web, 2015: 1395-1405.

[19] Ma J, Gao W, Wong K F. Detect rumor and stance jointly by neural multi-task learning. Companion Proceedings of the Web Conference, 2018: 585-593.

[20] Cai H, Zheng V W, Chang K C C. A comprehensive survey of graph embedding: problems, techniques, and applications. IEEE Transactions on Knowledge and Data Engineering, 2018,

30(9): 1616-1637.

[21] Battaglia P W, Hamrick J B, Bapst V, et al. Relational inductive biases, deep learning, and graph networks. arXiv preprint arXiv:1806.01261, 2018.

[22] Liu C Y, Zhou C, Wu J, et al. Social recommendation with an essential preference space. The 32nd AAAI Conference on Artificial Intelligence, 2018.

[23] Gao L, Yang H, Zhou C, et al. Active discriminative network representation learning. International Joint Conference on Artificial Intelligence, 2018.

[24] Wang H, Zhou C, Wu J, et al. Deep structure learning for fraud detection. IEEE International Conference on Data Mining (ICDM), 2018: 567-576.

[25] Pan S, Wu J, Zhu X, et al. Tri-party deep network representation. Network, 2016, 11(9): 12.

[26] Wu J, Pan S, Zhu X, et al. Multiple structure-view learning for graph classification. IEEE Transactions on Neural Networks and Learning Systems, 2017, 29(7): 3236-3251.

[27] Pan S, Hu R, Long G, et al. Adversarially regularized graph autoencoder for graph embedding. arXiv preprint arXiv:1802.04407, 2018.

[28] Bruna J, Zaremba W, Szlam A, et al. Spectral networks and locally connected networks on graphs. arXiv preprint arXiv:1312.6203, 2013.

[29] Henaff M, Bruna J, LeCun Y. Deep convolutional networks on graph-structured data. arXiv preprint arXiv:1506.05163, 2015.

[30] Defferrard M, Bresson X, Vandergheynst P. Convolutional neural networks on graphs with fast localized spectral filtering. Advances in Neural Information Processing Systems, 2016, 29: 3844-3852.

[31] Kipf T N, Welling M. Semi-supervised classification with graph convolutional networks. arXiv preprint arXiv:1609.02907, 2016.

[32] Yao L, Mao C, Luo Y. Graph convolutional networks for text classification. Proceedings of the AAAI Conference on Artificial Intelligence, 2019, 33(1): 7370-7377.

[33] Zhang Y, Qi P, Manning C D. Graph convolution over pruned dependency trees improves relation extraction. arXiv preprint arXiv: 1809. 10185, 2018.

[34] Garcia V, Bruna J. Few-shot learning with graph neural networks. arXiv preprint arXiv: 1711. 04043, 2017.

[35] Wang X, Ye Y, Gupta A. Zero-shot recognition via semantic embeddings and knowledge graphs. Proceedings of the IEEE Conference on Computer Vision and Pattern Recognition, 2018: 6857-6866.

[36] Fang S, Xie H, Zha Z J, et al. Attention and language ensemble for scene text recognition with convolutional sequence modeling. Proceedings of the 26th ACM International Conference on Multimedia, 2018: 248-256.

[37] Duvenaud D, Maclaurin D, Aguilera-Iparraguirre J, et al.Convolutional networks on graphs for learning molecular fingerprints. arXiv preprint arXiv:1509.09292, 2015.

[38] Kearnes S, McCloskey K, Berndl M, et al. Molecular graph convolutions: moving beyond fingerprints. Journal of Computer-aided Molecular Design, 2016, 30(8): 595-608.

[39] Fout A M. Protein interface prediction using graph convolutional networks. Colorado: Colorado State University, 2017.

[40] Zubiaga A, Liakata M, Procter R, et al. Analysing how people orient to and spread rumours in social media by looking at conversational threads. PLoS One, 2016, 11(3): e0150989.

[41] Cho K, van Merriënboer B, Bahdanau D, et al. On the properties of neural machine translation: encoder- decoder approaches. arXiv preprint arXiv:1409.1259, 2014.

第 7 章 多元信息融合的虚假信息检测模型

7.1 引　　言

假新闻的广泛传播会显著削弱公众对政府和新闻结构的信任，并改变人们对真实新闻的响应方式[1]。为了遏制假新闻在社交媒体上的传播，提高整个新闻生态系统的信任度，找到一种行之有效的假新闻自动检测方法至关重要。假新闻通常被定义为未经证实或不确定事实的故事或信息陈述[2]。比如，图 7.1 所示列举了一个推特上发布的关于马航的假新闻，包含一条由用户发布的源推文和评论者的信息。

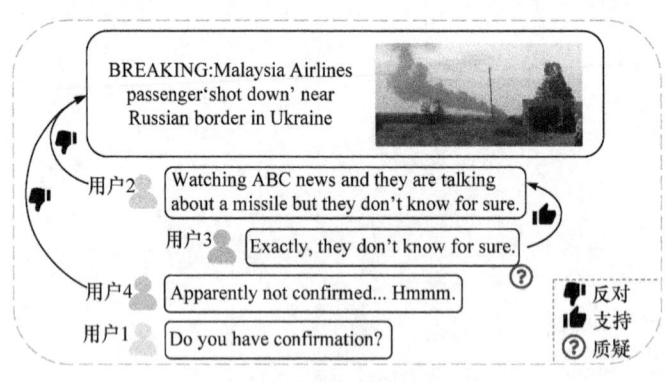

图 7.1　推特上假新闻示例

7.2　基于多元信息融合和推理的虚假新闻检测模型

7.2.1　背景

早期的一些工作设计了很多像情感词汇和语言特征来训练用于假新闻检测的分类器[3-6]。随后，由于神经网络不需要手工的特征工程方法，因此基于神经网络的方法在假新闻检测任务中变得流行[7-10]。而上述方法大多只利用一类信息，不能自然地整合其他类型的信息，因此最近的研究[1,11]通过源推文的社会交互信息以辅助判断新闻的真假。它们通过从不同方面提取特征后采用简单融合策略如级联操作获得新闻的向量表示。然而，上述方法忽略了不同类型数据之间的丰富关联信息，而这为检测假新闻提供了重要的线索。如图 7.1 所示，我们不仅能根据源推文内容就推导出新闻的真实性。此外，也可以通过对新闻在社交媒体中多次交互的理解和推理进行判别。

最近的研究工作表明，图能提供一个集成多种类型数据信息的统一表示[12-14]方法。Yuan 等[15]提出了一种基于图神经网络的假新闻检测方法。该方法只关注新闻传播的结构信息以代替不同类型信息的聚合。受启发于图神经网络在几个任务中的成功[16,17]，我们认为图神经网络可以很好地从多类型数据中学习有效的新闻表示。针对这一研究空白，本节提出使用异质图建模如图 7.2 所示的新闻，其中三种不同类型的节点表示三种不同的数据类型，即源推文、评论和用户，且创建了四种不同的边表示不同节点间的信息交互。一种合理的解释是，邻居特征可以为推断新闻的真实性提供有价值的线索。例如，可信度较高的用户更可能发布可靠的信息，而且如果一条新闻的大多数评论都是负面的话，该条新闻可能是假新闻。

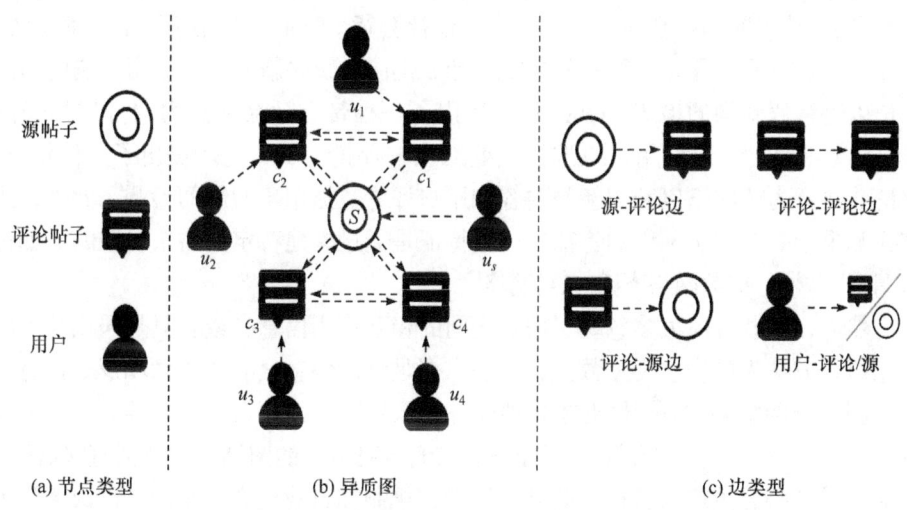

图 7.2 建模社交新闻的异质图结构

为了学习异质图中每个实体的表示，本节提出了一种信息聚合和推理网络(IARNet)，它同时考虑了节点级和类型级的注意力。特别是当给定特定的边类型时，每个节点可能存在很多基于邻居的边缘类型。为了区分节点邻居的细微差别和选择一些信息丰富的邻居节点以丰富节点表示，本节利用节点级的注意力学习基于邻居不同类型边的相对重要性且为它们赋予不同的权重值。之后，类型级别的注意力将学习不同边缘类型的重要性，并为它们分配适当的权重以聚合多类信息。基于学习到的两个层次的注意力值，本节的模型可以以分层的方式得到基于边缘类型的邻居和多个边缘类型的最优组合，这使得学习到的节点嵌入能够更好地聚合多类型信息并充分掌握节点之间的内在关联。本节模型分别采用了GlOVE[18]和 BERT[19]中两种形式词项表示。

检测假新闻的任务经历了各种标签,从错误信息到谣言,再到垃圾邮件[20]。正如每个人对这些相关概念可能有自己的直观定义一样,每篇论文对这些词都有自己的定义,因而与其他术语和其他论文存在冲突或重叠。出于以上原因,本节指定的研究目标是检测捏造的、虚假的新闻内容。

研究者围绕假新闻和类似主题(如谣言或垃圾邮件)的文本分析任务进行了大量工作。这些工作侧重于从源内容中挖掘特定的语言线索特征,如特定的写作风格[6]和耸人听闻的情绪[21]等。比如,Gupta 等[8]发现假新闻通常包含大量脏话和人称代词。还有学者从语言学出发分析得到特征并结合传统分类器将新闻判别为真或假[22-24]。此外,利用深度神经网络对源内容建模得到潜在文本表示用于假新闻检测取得了可喜的成果[10,25,26]。而且进一步提取源内容中的视觉元素特征与文本内容特征融合用于多模态假新闻检测[27-30]。

最近,从新闻的社会参与中衍生的其他社会背景特征已被用于更准确的检测。例如,Natali 等[20]提出一个深度混合模型(CSI)同时统一新闻文本、用户响应和源用户以进行假新闻的检测。Guo 等[11]提出了一种带有社会注意力的分层神经网络 (HPA-BLSTM)建模用户以选择重要的用户评论。Shu 等[1]提出了一种句子-评论共注意力子网络以利用新闻内容和用户评论数据用于假新闻检测。此外,研究还侧重于一些基于网络的特征,这些特征是通过构建特定网络来提取的,如传播网络[9,31,32]、扩散网络[33]和交互网络[34]。

然而,这些方法大多忽略了信息之间的相互作用信息,或者只是采用简单的信息组合方法来整合多类型数据,无法掌握足够的信息之间的关联和逻辑信息。

图卷积网络(GCN)[12]最近在各种任务中取得了惹人注目的性能效果,如节点分类[12]、推荐[17]和股票预测[35]等任务。它们可对节点的图结构和特征直接编码,而无须设计融合策略的特征。此外,注意力机制如自我注意力机制[36]已成为深度学习最有影响力的机制之一。图注意力网络[37]引入了注意力机制来学习节点与其邻居之间的重要性并通过融合邻居表示来进行节点分类任务。

最近,存在一些利用 GCN 进行假新闻检测的初步工作。Huang 等[38]提出了一个利用 GCN 为假新闻检测的用户属性和行为建模。Yuan 等[15]对所有源帖子、评论和用户之间的全局关系进行建模,以捕获新闻的丰富结构信息。但他们还忽略了新闻中信息间的交互作用。本节中,我们专注于从异质图中同时聚合新闻内容和社会背景中提取的信息及它们的交互信息。

7.2.2 算法模型

社交媒体假新闻检测任务的目的是学习如何从社交媒体中自动检测假新闻,本质上是一个二元分类问题。任务的形式化定义如下:给定新闻集

$E=\{E_1,E_2,\cdots,E_m\}$ 和标签集 $L=\{l_1,l_2\}$。其中，E_i 代表一个如图 7.2 所示的事件，其中包含一个源帖子 s_i 和一些元组 $\varepsilon=\{e_{ijt}\}$；每个元组 $e_{ijt}=\{u_j,c_j,t\}$ 表示用户 u_j 在时间 t 发布了 c_j 来评论源帖子 s_i；l_1 和 l_2 分别表示假新闻和真新闻。社交媒体假新闻检测的任务是学习一个分类模型 f 将每个新闻 E_i 映射到一个类别标签 L_j，即 $E_i \to L_j$。

本节所提的假新闻检测模型由四个主要部分组成：实体编码、图构建、信息聚合和推理及假新闻检测。具体地，实体编码模块学习新闻中涉及的每个实体(如源帖子、评论和用户)的隐藏表示；图构建模块基于实体和实体之间的交互构建异质图；信息聚合模块利用两级注意力机制在图上聚合多类信息；假新闻检测模块学习分类函数来预测给定新闻的标签。在本节的其余部分，我们将详细介绍每个主要步骤。

1) 实体编码

本节根据内容将新闻中的实体分为两类：文本实体和简介实体。对于包含源帖子和评论的文本实体，首先通过基于双向门控循环单元 (BiGRU)[39]的网络学习单词的嵌入表示，然后引入注意机制来学习衡量单词重要性的权重，以用于计算最终的实体表示。对于简介实体，即用户个人简介，由于转发数量、好友数量等特征是离散的，因此使用独热编码来表示个人简介，并将其输入两层全连接感知机中得到每个用户简介实体的表示。

2) 图构建

对社交新闻建模的异构图 $G=(V,E)$ 包含一个源节点 $s \in V$ 和多个评论节点 $[c_0,c_1,\cdots,c_n] \in V$ 及它们相应的用户简介节点 $[u_0,u_1,\cdots,u_n] \in V$，其结构如图 7.2 所示。且在图中构建了四种类型的边。

(1) 源-评论(SC)边：直观上评论节点的表示是基于描述整个事件的源节点的信息。出于上述原因，本节为给定新闻中涉及的所有评论创建源-评论边 $e_{sc} \in E$ 以丰富它们的表示。

(2) 评论-源(CS)边：评论的信息往往表达对新闻的怀疑或肯定，可以为检测假新闻提供导入线索。因此所有的评论都会通过评论-源边 $e_{cs} \in E$ 连接到源节点，以丰富源节点的表示。

(3) 评论-评论(CC)边：如果评论之间存在层级关系，那么它们所包含的信息之间也存在潜在的逻辑关系，可以通过图上信息的传播以丰富评论节点甚至源节点的表示。因此，如果两条评论具有上级-下级关系，我们将两条评论以评论-评论边 $e_{cc} \in E$ 连接起来。

(4) 用户-评论/源(UC/US)边：不同用户在社交媒体上的可信度不同，这意味着他们的评论/发布的源帖对新闻的真实性有不同的影响。因此我们可以从用户个人资料中提取信息来补充评论/源节点的表示。因而本节建立了从用户简介节点到相应评论节点或源节点的边 $e_{uc/us} \in E$。

3) 信息聚合和推理

本节中我们介绍了信息聚合和推理部分，该部分旨在通过聚合异质图中的多类别信息来更新节点的表示。如图 7.3 所示，我们应用两级注意力机制来整合邻居的信息以更新源节点和评论节点表示。

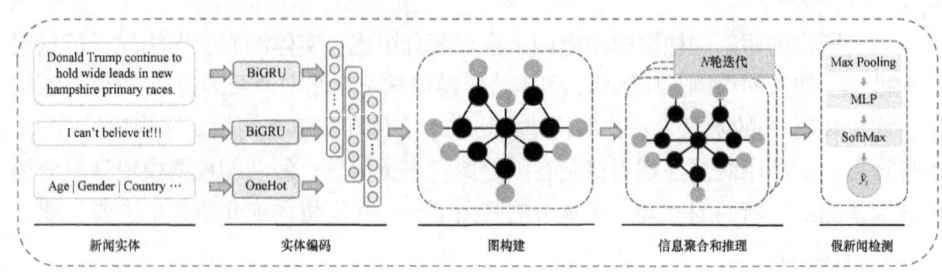

图 7.3 假新闻检测模型框架

其步骤详情如下。

由于节点的异构性，不同类型的节点具有不同的特征空间。因此，本节设计了特定类型的变换矩阵 M_{θ_i} 来将不同类型节点的特征投影到相同的特征空间中，形式化为

$$h'_{\theta_i} = M_{\theta_i} \cdot h_i \tag{7-1}$$

其中，θ_i 表示节点的类型，h_i 和 h'_i 表示节点 i 的原始特征和投影后特征表示。

首先介绍在异质图中如何通过两级注意机制聚合信息以更新评论节点的表示，聚合过程如图 7.4(a)所示。给定一个评论节点 c_i 和根据评论-评论边得到的相关评论节点集 N_i^c 作为它的邻居节点集(包括该节点)。节点级注意力将学习 c_i 与其相关评论节点之间的权重。重要性 e_{ij}^c 表示评论 j 对评论 i 的重要性，可表述如下：

$$e_{ij}^c = \text{att}_{\text{node}}^c (h'_i, h'_j; \theta) \tag{7-2}$$

其中，$\text{att}_{\text{node}}^c$ 表示深度神经网络，它为评论节点的更新执行节点级的注意机制。之后将它们通过 softmax 函数归一化得到权重系数 α_{ij}^c，表示为

$$\alpha_{ij}^c = \text{softmax}_j (e_{ij}^c) = \frac{\exp(e_{ij}^c)}{\sum_{k \in N_i^c} \exp(e_{ik}^c)} \tag{7-3}$$

那么，c_i 相关评论节点的嵌入表示可由以下公式聚合得到：

$$\widehat{c_i} = \sigma \left(\sum_{j \in N_i^c} \alpha_{ij}^c \cdot h'_j \right) \tag{7-4}$$

接下来，类型级注意力将学习不同边缘类型的重要性，以聚合多类型信息，即相关评论、相关用户简介信息和原帖子信息，计算公式如下：

$$c'_i = \sigma\left(\sum_{i \in V} w_i \cdot z_i\right) \tag{7-5}$$

$$w_i = \text{att}_{\text{type}}^c(z_i; \theta) \tag{7-6}$$

其中，V 表示多类型信息，z_i 表示类型 i 的嵌入表示，w_i 表示对应的注意力值，$\text{att}_{\text{type}}^c$ 表示类型级别的注意力映射函数。

用于更新源节点表示的信息聚合过程如图 7.4(b)所示。首先，节点级注意力将学习所有评论节点 $C = \{c_1, \cdots, c_n\}$ 对源节点 s 的相对重要性，其计算过程如下：

$$e_{sj}^s = \text{att}_{\text{node}}^s(h'_s, h'_j; \theta) \tag{7-7}$$

$$\alpha_{sj}^s = \text{softmax}(e_{sj}^s) = \frac{\exp(e_{sj}^s)}{\sum_{k \in C} \exp(e_{sk}^s)} \tag{7-8}$$

其中，$\text{att}_{\text{node}}^s$ 执行用于源节点更新的节点注意力机制，α_{sj}^s 表示评论节点 c_j 对源节点 s 的重要性。

之后，所有评论节点的表示按以下公式聚合：

$$\widehat{c}_s = \sigma\left(\sum_{j \in C} \alpha_{sj}^s \cdot h'_j\right) \tag{7-9}$$

最后，源节点的类型注意力机制会聚合源节点表示、聚合后的评论节点表示和源用户节点表示三类信息，以更新源节点的表示，计算公式如下：

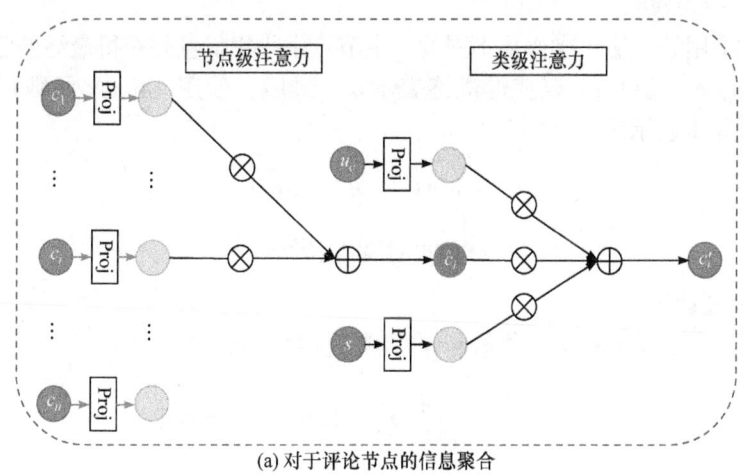

(a) 对于评论节点的信息聚合

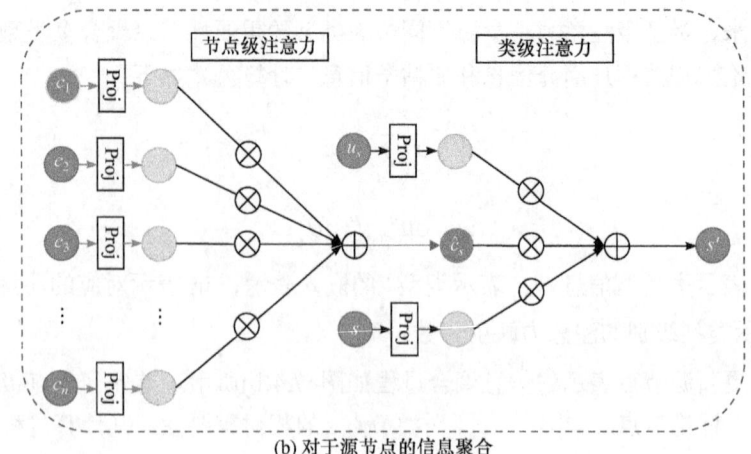

(b) 对于源节点的信息聚合

图 7.4 异质图信息聚合表示

$$c'_s = \sigma\left(\sum_{i \in V} w_i \cdot z_i\right) \tag{7-10}$$

$$w_i = \text{att}_{\text{type}}^s(z_i; \theta) \tag{7-11}$$

为了更好地聚合信息，本节将所有注意力机制扩展到多头注意力机制。具体地，本节重复 K 次注意力机制并连接由注意力机制学习到的嵌入表示。

假设通过堆叠 T 层 IARNet 网络，源节点和评论节点的表示通过聚合多类型信息已掌握了足够的信息。此外，图中的每个文本节点都直接或间接地相互连接并传递信息，这意味着它们可以在图上进行推理以推断给定新闻的真实性。本节将所有文本节点的最终隐藏状态 $\{h_1^\text{T}, h_2^\text{T}, \cdots, h_N^\text{T}\}$ 输入分类器以进行最终的分类。

4) 假新闻检测

本节采用最大池化操作从不同的文本节点中收集信息并获得最终的隐藏状态 o，将其输入一层 MLP 以获得最终表示 o，最后，使用 softmax 函数得到预测概率 l，具体表示为

$$o = \text{Max}(h_1^\text{T}, h_2^\text{T}, \cdots, h_N^\text{T}) \tag{7-12}$$

$$l = \text{softmax}(\text{ReLU}(Wo + b)) \tag{7-13}$$

5) 模型训练

最后，将交叉熵损失用作假新闻检测的优化目标函数：

$$L(Y, P) = -\frac{1}{M}\sum_{i=1}^{M}\sum_{k=1}^{K} y_{i,k} \log(p_{i,k}) + \lambda\|\theta\|_2^2 \tag{7-14}$$

6) 异质图采样

现实世界中有些新闻的评论很多有些新闻的评论很少，前者会通过一些弱相关的评论给图引入一些噪声数据而后者会导致图的表示不充分。上述情况都会削弱谣言检测方法的性能。并且传统的图卷积网络[12]在训练过程中需要图中的所有节点均存在，这不适用于实际的应用。一些采样方法[16,40]被提出用来对大图进行直接操作，但是上述方法只适应于同质图中。

本节中我们设计了一种基于随机游走重启(RWR)的图采样策略来对评论进行采样。更具体地，我们从源节点 s 开始随机游走。游走过程中以 p 的概率迭代到邻居评论节点或以 $1-p$ 的概率返回源节点。如果游走到达最后一级评论则将自动返回源节点。上述随机游走过程将一直执行直到成功收集到固定数量的评论数据。

由于每个源节点的采样评论大小是固定的，因此该策略一定程度能避免上述问题，即增强评论较少新闻的图表示，并减小评论较多新闻中噪声信息的影响。

7.2.3 实验分析

1) 数据集

本节利用两个真实世界上数据集来评估模型的性能。

(1) 微博[7]：该数据集包括 2313 条假新闻和 2351 条真实新闻。假新闻均由新浪社区管理中心验证，真实新闻则通过爬取同一时间普通用户的帖子得到。

(2) Fakeddit[41]：该数据集是最新的假新闻检测基准数据集，从 Reddit① 中爬取而来，由来自假新闻多个类别的约 800000 个样本组成。

两个数据集中的每个样本都包含带有标签和社交上下文信息的新闻内容。在我们的实验中，我们将每个数据集拆分为训练集(70%)、验证集(20%)和测试集(10%)。数据集更详细的统计信息见表 7.1。

表 7.1 数据集统计表

统计量	微博	Fakeddit
新闻数	4 664	795 108
假新闻数	2 313	500 733
真新闻数	2 351	294 375
帖子数	1 803 891	11 492 641
用户数	1 422 140	1 670 501

---

① https://www.reddit.com/

2) 基准模型

本节将所提的模型与五个用于类似分类任务的最先进模型进行比较。

(1) DTC[22]。该模型提取各种手工统计特征，然后利用基于决策树的模型来检测假新闻。

(2) SVM-TS[23]。一种基于线性 SVM 的模型，它根据新闻特征在时序上的变化进行建模。

(3) SVM-RBF[42]。一个利用新闻特征组合的带 RBF 内核 SVM 模型。

(4) GRU-RNN[7]。一种基于 GRU 单元的循环神经网络模型，该模型通过对相关帖子的顺序结构建模来学习新闻表示。

(5) HPA-BLSTM[11]。一种利用分层注意网络建模社交媒体用户元组中的词级、帖子级和子事件级上的信息以学习用于假新闻检测的新闻表示神经网络模型。

(6) GLAN[15]。一种基于异质图网络的模型，该模型联合编码用于假新闻检测的局部语义和全局结构信息。

(7) BERT-AVG。本节设计的基准方法，该方法首先使用 BERT 预训练模型得到源内容和评论内容的表示，然后使用所有表示的平均值来训练一个线性分类器。

(8) BERT-CAT。本节设计的基准方法，该方法将所有评论连接成一个包含所有评论的句子，然后构建一个格式为 "[CLS]" + 源内容 + "[SEP]" + 包含所有评论的句子 + "[SEP]" 的文本对，然后输入 BERT 模型中并使用 "[CLS]" 的表示作为分类特征用于假新闻检测任务的 BERT 微调输入。

3) 实验设置

本节的模型尝试了两种词嵌入策略。一种是直接使用 300 维的 GlOVE 词嵌入[18]用于 Fakeddit 数据集中词项的表示和利用由文献[43]中训练的 300 维中文词嵌入表示得到微博数据集中词项的表示。另一种是使用 BERT[19]模型中词项的表示，其中使用基本无案例英文 BERT 模型中维度为 768 的词向量表示得到 Fakeddit 数据集中的词项表示，基本中文 BERT 模型中 768 维的词向量表示得到微博数据集中的词项表示。

BERT-AVG 基准方法中的最大序列长度设为 128。BERT-CAT 基准方法中评论连接后的最大长度限制为 512。本节所提的 IARNet 模型在实验中将隐藏状态的维度设置为 300，并利用一个线性映射层将由 BERT 模型得到词向量表示映射为 300 维的词向量表示。模型的多头注意力模块设置为 6 头。异质图采样过程中将评论数设置为 50，重启的概率设为 0.5。

4) 实验结果及分析

在微博数据集上的实验结果如表 7.2 和表 7.3 所示，图中粗体代表性能最好的情况。

表 7.2 微博数据集实验结果

方法	准确率	F_1值
DTC	0.831	0.831
SVM-TS	0.857	0.861
SVM-RBF	0.818	0.819
GRU-RNN	0.910	0.914
HPA-BLSTM	0.943	0.943
GLAN	0.946	0.945
IARNet-GlOVE(2)	0.956	**0.969**
IARNet-GlOVE(3)	**0.965**	0.952
BERT-AVG	0.956	0.956
BERT-CAT	0.952	0.952
IARNet-BERT(2)	0.963	**0.970**
IARNet-BERT(3)	**0.969**	0.959

表 7.3 Fakeddit 数据集上实验结果

方法	准确率	F_1值
IARNet-GlOVE(2)	0.953	0.952
IARNet-GlOVE(3)	**0.960**	**0.959**
BERT-AVG	0.948	0.949
BERT-CAT	0.939	0.937
IARNet-BERT(2)	0.958	0.958
IARNet-BERT(3)	**0.964**	**0.963**

为了公平比较，基线模型的实验结果直接引用前人工作中的结果[15]；本节所提模型实验结果根据执行模型 10 次取平均得到。微博数据集中利用 GLOVE 词嵌入的 IARNet-GlOVE(k)(其中 k 表示网络的层数)性能优于所有基线。具体地，本节的 IARNet-GLOVE(3)模型在微博数据集上达到了 96.5%的准确率。这主要是由于底层的两级注意力机制能使模型更好地聚合多类型信息，并通过图推理判定新闻的真实性。

由表可知基于手工特征(DTC、SVM-TS、SVM-RBF)的前 2 个基线方法性能明显较差，表明它们缺乏捕获鲁棒且有效的特征能力从而泛化能力不足。由于 SVM-TS 方法使用了额外的时间和结构特征从而性能表现相对较好，但它仍然明显弱于不依赖特征工程的模型。对于基于深度学习的方法，GRU-RNN 优于传统的基于机器学习的方法，这表明深度神经网络可以学习用于假新闻检测的深层潜在特征。此外，当前最优的 GLAN 方法比 GRU-RNN 方法更有效，这证明了基于异质图对社交媒体建模的有效性。

作为类似的对比方法，HPA-BLSTM 使用分层注意力的方式从不同方面对社会新闻进行建模，而我们的模型使用两级注意力来聚合异质图上的信息。与 HPA-BLSTM 方法相比，本节的模型表现出更优越的性能，这直接证明了异质图聚合多类型信息的有效性。

基于 BERT 的词表示进一步提高了模型的性能。BERT-CLS 方法使用 BERT 预训练模型的词向量表示而无须微调，在此任务上取得了令人惊讶的出色性能。经过微调，BERT-AVG 方法的性能甚至更好。然而，我们观察到这种微调的性能是非常不稳定的，即该模型在某些情况中无法收敛。尽管原始的基于 BERT 模型已提供了强大的预测能力，但本节的模型持续改进了它，这表明本节的模型提供了一种更好的方法来聚合语义信息并让它们对图进行推理。具体地本节的模型在微博和 Fakeddit 数据集上的准确率分别达到 96.9%和 95.8%。

表 7.4 给出了消融实验结果。由表 7.4 的实验结果可得到以下结论。

表 7.4　微博和 Fakeddit 数据集上消融实验结果

方法	微博准确率	Fakeddit准确率
IARNet-GlOVE-full	0.965	0.960
w/o CS	0.952	0.943
w/o SC	0.957	0.947
w/o CC	0.961	0.949
w/o UC/US	0.962	0.952

(1) 在微博和 Fakeddit 数据集中，评论-源边的去除对模型性能的影响最大，其中准确率分别下降 3%和 1.7%。这与我们的直觉是一致的，因为在评论和内容之间有许多表面的和潜在的关联。类似地，去除源-评论边也产生了类似的影响，即模型在两个数据集上准确率分别下降了 0.8%和 1.3%。源和评论间的边为信息在彼此之间传递建立了连接。此外，如图 7.2 所示，中间的源节点将作为一个从所有连接的评论节点收集和分散信息的虚拟枢纽。

(2) 去除评论-评论边会导致模型的表现略差，因为评论之间往往存在一种上下级的补充关系，这有助于对给定事件的真实性进行图上的推理。

(3) 去除用户-评论/源边会导致在两个数据集上的准确性降低 0.3%和 0.8%。直观地，从用户到评论间的边可以通过引入用户特征来丰富评论/源节点的表示，从而提高模型的检测性能。

本节中我们探讨了模型深度(层数)的影响。对于本节所提的 IARNet 模型，我们将模型深度设置为 1 至 4 的值。如图 7.5 所示,基于 GlOVE 词嵌入的单层 IARNet 模型并不能很好地工作,这意味着一些有用的信息通常需要对图进行超过 2 跳的推理。当将模型深度增加到 3 层时将大大提高模型的性能。但当模型深度大于 3 时,性能会稍有下降,这说明模型过于复杂了。本节基于 BERT 词向量表示的模型在每个深度下均表现更优,且当模型深度为 3 时模型的性能达到最优。

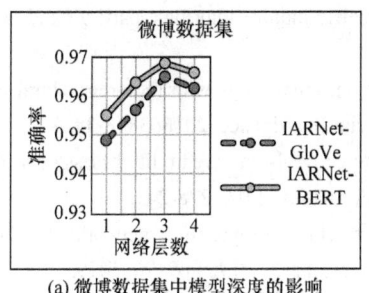
(a) 微博数据集中模型深度的影响

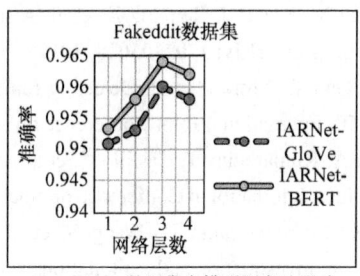
(b) Fakeddit 数据集中模型深度的影响

图 7.5　模型深度(网络层数)的影响

7.3　本章小结

本章提出了一种基于异质图的信息聚合网络,将新闻中涉及的多类型信息进行聚合,并对图上的每条信息进行推理,以判别新闻的真实性。与以往的方法相比,本章的方法更注重不同信息之间的内在关联且更高效地利用这些信息。实验结果证明了本章方法在微博和 fakeddit 数据集上的有效性。本章提出的基于 GLOVE 词嵌入的 IARNet-GLOVE 优于最先进的基准方法。在切换到基于 BERT 词项表示之后,本章的 IARNet-BERT 模型也取得了更好的性能。

据作者所知,本章是尝试利用异质图聚合新闻多类型信息的第一个工作,在这个方向上仍存在许多潜在的改进方向。例如,本节只考虑了给定新闻所涉及的信息,未来可进一步考虑其他如传播结构、外部知识等信息以提升模型检测性能。此外,本章在图采样时只对新闻评论进行了抽样,忽略了评论与源文章之间的相关性,因此未来计划设计一种更有效的抽样策略即对有用评论进行抽样以检测假新闻。

参 考 文 献

[1] Shu K, Cui L, Wang S, et al. Defend: explainable fake news detection. Proceedings of the 25th ACM SIGKDD International Conference on Knowledge Discovery & Data Mining, 2019: 395-405.

[2] DiFonzo N, Bordia P. Rumor psychology: social and organizational approaches. American Psychological Association, 2007, 750.

[3] Markines B, Cattuto C, Menczer F. Social spam detection. Proceedings of the 5th International Workshop on Adversarial Information Retrieval on the Web, 2009: 41-48.
[4] Markowitz D M, Hancock J T. Linguistic traces of a scientific fraud: the case of diederik staple. PLoS One, 2014, 9(8): e105937.
[5] Rubin V L, Chen Y, Conroy N J. Deception detection for news: three types of fakes. Proceedings of the Association for Information Science and Technology, 2015: 1-4.
[6] Potthast M, Kiesel J, Reinartz K, et al. A stylometric inquiry into hyperpartisan and fake news. arXiv preprint arXiv: 1702. 05638, 2017.
[7] Ma J, Gao W, Mitra P, et al. Detecting rumors from microblogs with recurrent neural networks. The 25th International Joint Conference on Artificial Intelligence, 2016: 3818-3824.
[8] Gupta A, Kumaraguru P, Castillo C, et al. Tweetcred: real-time credibility assessment of content on Twitter. International Conference on Social Informatics, 2014: 228-243.
[9] Shu K, Mahudeswaran D, Wang S, et al. Hierarchical propagation networks for fake news detection: investigation and exploitation. arXiv preprint arXiv:1903.09196, 2019.
[10] Karimi H, Tang J. Learning hierarchical discourse-level structure for fake news detection. arXiv preprint arXiv:1903.07389, 2019.
[11] Guo H, Cao J, Zhang Y, et al. Rumor detection with hierarchical social attention network. Proceedings of the 27th ACM International Conference on Information and Knowledge Management, 2018: 943-951.
[12] Kipf T N, Welling M. Semi-supervised classification with graph convolutional networks. arXiv preprint arXiv:1609.02907, 2016.
[13] Ma Y, Ren Z, Jiang Z, et al. Multi-dimensional network embedding with hierarchical structure. Proceedings of the 12th ACM International Conference on Web Search and Data Mining, 2018: 387-395.
[14] Cao Y, Wang X, He X, et al. Unifying knowledge graph learning and recommendation: towards a better understanding of user preferences. Proceedings of the 28th International Conference on World Wide Web Conference, 2019: 151-161.
[15] Yuan C, Ma Q, Zhou W, et al. Jointly embedding the local and global relations of heterogeneous graph for rumor detection. arXiv preprint arXiv:1909.04465, 2019.
[16] Hamilton W, Ying Z, Leskovec J. Inductive representation learning on large graphs. Advances in Neural Information Processing Systems, 2017: 1024-1034.
[17] Wang X, He X, Wang M, et al. Neural graph collaborative filtering. arXiv preprint arXiv: 1905. 08108, 2019.
[18] Pennington J, Socher R, Manning C. GLOVE: global vectors for word representation. Proceedings of the 2014 Conference on Empirical Methods in Natural Language Processing, 2014: 1532-1543.
[19] Devlin J, Chang M W, Lee K, et al. Bert: pre-training of deep bidirectional transformers for language understanding. Proceedings of the 2019 Conference of the North American Chapter of the Association for Computational Linguistics: Human Language Technologies, 2019: 4171-4186.

[20] Ruchansky N, Seo S, Liu Y. CSI: a hybrid deep model for fake news detection. Proceedings of the 2017 ACM on Conference on Information and Knowledge Management, 2017: 797-806.
[21] Guo C, Cao J, Zhang X, et al. Exploiting emotions for fake news detection on social media. arXiv preprint arXiv:1903.01728, 2019.
[22] Castillo C, Mendoza M, Poblete B. Information credibility on Twitter. Proceedings of the 20th International Conference on World Wide Web, 2011: 675-684.
[23] Ma J, Gao W, Wei Z, et al. Detect rumors using time series of social context information on microblogging websites. Proceedings of the 24th ACM International on Conference on Information and Knowledge Management, 2015: 1751-1754.
[24] Zhao Z, Resnick P, Mei Q. Enquiring minds: early detection of rumors in social media from enquiry posts. Proceedings of the 24th International Conference on World Wide Web, 2015: 1395-1405.
[25] Wang W Y. "liar, liar pants on fire": a new benchmark dataset for fake news detection. arXiv preprint arXiv: 1705. 00648, 2017.
[26] Karimi H, Roy P, Saba-Sadiya S, et al. Multi-source multi-class fake news detection. Proceedings of the 27th International Conference on Computational Linguistics, 2018: 1546-1557.
[27] Jin Z, Cao J, Zhang Y, et al. Novel visual and statistical image features for microblogs news verification. IEEE Transactions on Multimedia, 2016, 19(3): 598-608.
[28] Wang Y, Ma F, Jin Z, et al. Eann: event adversarial neural networks for multi- modal fake news detection. Proceedings of the 24th ACM SIGKDD International Conference on Knowledge Discovery & Data Mining, 2018: 849-857.
[29] Qi P, Cao J, Yang T, et al. Exploiting multi-domain visual information for fake news detection. arXivpreprint arXiv:1908.04472, 2019.
[30] Khattar D, Goud J S, Gupta M, et al. MVAE: multimodal variational autoencoder for fake news detection. Proceedings of the 28th International Conference on World Wide Web, 2019: 2915-2921.
[31] Liu Y, Wu Y F B. Early detection of fake news on social media through propagation path classification with recurrent and convolutional networks. The 32nd AAAI Conference on Artificial Intelligence, 2018.
[32] Monti F, Frasca F, Eynard D, et al. Fake news detection on social media using geometric deep learning. arXiv preprint arXiv:1902.06673, 2019.
[33] Wu L, Liu H. Tracing fake-news footprints: characterizing social media messages by how they propagate. Proceedings of the 11th ACM International Conference on Web Search and Data Mining, 2018: 637-645.
[34] Shu K, Wang S, Liu H. Beyond news contents: the role of social context for fake news detection. Proceedings of the 12th ACM International Conference on Web Search and Data Mining, 2019: 312-320.
[35] Feng F, He X, Wang X, et al. Temporal relational ranking for stock prediction. ACM Transactions on Information Systems (TOIS), 2019, 37(2): 1-30.

[36] Vaswani A, Shazeer A, Parmar N, et al. Attention is all you need. Advances in Neural Information Processing Systems, 2017: 5998-6008.

[37] Veličković P, Cucurull G, Casanova A, et al. Graph attention networks. arXiv preprint arXiv: 1710. 10903, 2017.

[38] Huang Q, Zhou C, Wu J, et al. Deep structure learning for rumor detection on Twitter. IEEE International Joint Conference on Neural Networks, 2019: 1-8.

[39] Cho K, van Merriënboer B, Gulcehre C, et al. Learning phrase representations using RNN encoder-decoder for statistical machine translation. Proceedings of the 2014 Conference on Empirical Methods in Natural Language Processing, 2014.

[40] Qiu J, Tang J, Ma H, et al. DeepInf: social influence prediction with deep learning. Proceedings of the 24th ACM SIGKDD International Conference on Knowledge Discovery & Data Mining, 2018: 2110-2119.

[41] Nakamura K, Levy S, Wang W Y. R/Fakeddit: a new multimodal benchmark dataset for fine-grained fake news detection. arXiv preprint arXiv: 1911. 03854, 2019.

[42] Yang F, Liu Y, Yu X, et al. Automatic detection of rumor on Sina Weibo. Proceedings of the ACM SIGKDD Workshop on Mining Data Semantics, 2012: 13.

[43] Li S, Zhao Z, Hu R, et al. Analogical reasoning on chinese morphological and semantic relations. Proceedings of the 56th Annual Meeting of the Association for Computational Linguistics, 2018: 138-143.

第 8 章 总结与展望

8.1 本书总结

本书所阐述的社交媒体虚假信息检测(谣言和虚假新闻)所有模型均是作者的阶段性研究成果，系统介绍了虚假信息检测的基础和模型。在基础篇中，作者针对社交媒体虚假信息的国内外研究现状进行了深度综述。在模型篇中，作者全面探索了社交媒体虚假信息检测在语义、知识、传播、用户和多元信息融合5个方面的计算模型，对社交媒体虚假信息检测的关键技术进行了深入阐述，并设计了相应的深度学习算法和实验。在基准语料库上的实验结果表明，本书提出的这些方法有助于提高社交媒体虚假信息检测的分析性能，同时减少对大规模语料库的依赖性，为今后的社交媒体虚假信息检测研究提供了重要的参考作用。

8.2 未来展望

本节主要从多模态虚假信息检测、多元信息融合检测和虚假信息早期检测三个方面进行展望。

8.2.1 多模态虚假信息检测

有相关研究表明，超过51.60%的微博带有图片，平均而言带有图片的微博获得的转发量是不带图片微博的11倍。互联网中海量虚假信息通过依靠大量虚假图片来博得用户眼球，说明了图片对于信息的传播具有重要作用。当前代表性的多模态虚假信息检测模型并没有对图片和文字在语义一致性层面进行深度判断，现有模型集中在利用残差网络模型提取图片的语义向量，或者抽取图片的浅层特征(图片尺寸、图片清晰度、图片亮度、各通道的均值和方差等统计特征)，然后与文字的分布式向量(如word2vec)进行拼接进行多模态虚假信息检测。显然，该类模型缺少图片与文字在语义层面的一致性深层判断，比如图片与文字是否涉及同一事件等。因此，针对多模态虚假信息中图文语义一致性判断成为虚假信息检测的关键一环。

8.2.2 多元信息融合检测

众所周知，人们不仅可以利用知识(语言、认知、常识等)快速检测虚假信息，也可以根据信息的传播特性、用户的可信度和社交媒体帖子的语义等信息来识别虚假信息。虽然通用知识图谱具有一定的规模和效果，但对于虚假新闻和谣言检测特定研究领域，专门的知识图谱将发挥更重要的作用。因此，如何从虚假信息语料库中自动构建专用知识图谱，以及如何有效地融入知识表示、信息传播、用户可信度和语义等多元信息，在虚假信息检测中同样重要。

8.2.3 虚假信息早期检测

现有虚假信息检测模型过多地依赖社交媒体源帖子和转发或互动信息，导致检测的延迟性。很明显，这种模型在面对最新发表的社交媒体源帖子、不存在转发信息的帖子、存在极少转发次数的帖子这些情形下没有过多的发挥余地。因此，如何仅使用源帖子内容，融入写作风格、篇章分析(衔接性和连贯性)等技术，进行社交媒体虚假信息检测也是非常值得研究的内容。

8.3 结 束 语

总体而言，国际上关于多元信息融合的多模态虚假信息检测计算模型研究刚刚起步，语料库资源涉及的主题单一(如政治领域)，任重而道远。这些都迫切需要研究如何建立细粒度主题的多模态虚假信息语料库标注规范和构建大规模高质量的多模态虚假信息标注资源，并在该语料库的基础上研究融入图文语义一致性判断、多元信息(知识、传播、信用、语义)的抽取和融合计算模型，实现高性能的多模态虚假信息自动检测。

附录 A 虚假信息检测常用数据集资源

本附录按照虚假信息检测类型及相近任务列出了可以公开获取的语料库资源(表 A.1)，包含二元分类或多元分类、统计数据、链接地址，这些语料库资源为同类研究提供了重要的数据基础。

表 A.1 虚假信息检测及相近任务的数据集资源

二元分类	多元分类	统计数据	链接地址
	√	#rows=49972;#unrelated(%)=0.73131;#discuss(%)=0.17828;#agree(%)=0.0736012;#disagree(%)=0.0168094.	http://www.fakenewschallenge.org/
	√	#shortstatements=12.8K	https://www.cs.ucsb.edu/william/~data/liar_dataset.zip
	√	#tweets=169 million.	http://compsocial.github.io/CREDBANK-data
	√	#NewsTruststories=82K;#Articles=47.6K#Sources=5.7K	http://www.mpi-inf.mpg.de/impact/credibilityanalysis/
√		PolitiFact:#newsarticles_fake=432;#newsarticles_real=624;#users_fake=95,553;#users_real=249,887GossipCop:#newsarticles_fake=5323;#newsarticles_real=16817;#users_fake=265,155;#users_real=80.137	https://github.com/KaiDMML/FakeNewsNet
√		FakeNewsAMT:#Fake=240;#LegitimateCelebrity:#Fake=250;#Legitimate=250	http://lit.eecs.umich.edu/downloads.html
	√	#articles=1627;#Mainstream=826;#Left-wing=356;#Right-wing=545	https://doi.org/10.5281/zenodo.1239675https://github.com/BuzzFeedNews/2016-10-facebook-fact-check/tree/master/data
√		#Totalclaims(Snopes)=4341;#TotalclaimsPolitiFact=3568;#Totalclaims(NewsTrust)=5344;#Totalclaims(SemEval)=272.	https://www.mpi-inf.mpg.de/dl-cred-analysis/
	√	#topics=300	https://github.com/UKPLab/coling2018_fake-news-challenge
√	√	#suspicious_news=174;#vrified_news=252;#trust_news=252	http://www.cs.jhu.edu/~svitlana/
	√	#websites=244;#posts=12,999	https://github.com/selfagency/bs-detector
谣言检测			
√		Twitter:#users=491,229;#posts=1,101,985;#events=992Weibo:#users=2,746,818;#posts=3,805,656;#events=4664	http://alt.qcri.org/wgao/~data/rumdect.zip

续表

二元分类	多元分类	统计数据	链接地址
谣言检测			
√		#tweets=4,842;#conversations=330	https://figshare.com/articles/PHEME_rumour_scheme_dataset_journalism_use_case/2068650
√		#Real=6,225;#Fake=9404	https://github.com/WeimingWen/CCRV
√		#true_rumours=51;#false_rumours=60	https://dataverse.harvard.edu/dataset.xhtml?persistentId=doi%3A10.7910%2FDVN%2FBFGAVZ
	√	Twitter15:#tweets=1490;#users=276,663 Twitter16:#tweets=818;#users=173,487	https://www.dropbox.com/s/7ewzdrbelpmrnxu/rumdetect2017.zip?dl=0
√		#falserumors=2601;#normalmessages=2536;#users=4 million.	http://adapt.seiee.sjtu.edu.cn/~kzhu/rumor/
√		#events=104	http://mia.kaist.ac.kr/publications/rumor
网页断言			
√		#claims=300;#news_article=2,595	https://github.com/willferreira/mscproject
√		#snopes(reuters)=20000	https://gitlab.com/didizlatkova/fake-image-detection
评论			
√		#reviews=1600	https://myleott.com/op-spa
真值发现			
√		#tweets>9.2million(Notenogroundtruthsareavailable)	http://apollo.cse.nd.edu/datasets.html
√		#stocks=1000;#sources=50#flights=1200;#sources=38#books=1263;#sources=894	http://lunadong.com/fusionDataSets.htm

附录 B 虚假信息检测开源代码资源

本附录按照虚假信息检测类型及相近任务列出了开源代码资源(表 B.1)，包含算法名、二元分类或多元分类、链接地址，这些代码为同类研究提供了重要的参考和借鉴作用。

表 B.1 虚假信息检测及相近任务的开源代码

算法名	二元分类	多元分类	链接地址
虚假新闻检测			
FakeNewsNet	√		https://github.com/KaiDMML/FakeNewsNet
GROVER	√		https://github.com/zake7749/WSDM-Cup-2019
HDSF	√		https://github.com/zake7749/WSDM-Cup-2019
FND	√		https://github.com/Tawkat/Fake-News-Detection
Check-It	√		https://github.com/anguyen120/fake-news-in-time
GDL	√		https://github.com/kc-ml2/ipam-2019-dgl
EANN	√		https://github.com/yaqingwang/EANN-KDD18
CSI	√		https://github.com/s-omranpour/CSI-Code
NLI		√	https://github.com/zake7749/WSDM-Cup-2019
Stylometric		√	https://github.com/webis-de/ACL-18
FNC		√	https://github.com/UKPLab/coling2018_fake-news-challenge
HCNN		√	https://github.com/ekagra-ranjan/fake-news-detection-LIAR-pytorch
WebCredibility	√	√	https://github.com/DeFacto/WebCredibility
Perturbation	√		https://github.com/meghu2791/evaluateNeuralFakenewsDetectors
WeFEND	√		https://github.com/yaqingwang/WeFEND-AAAI20
MALCOM	√		https://github.com/lethaiq/MALCOM
dEFEND	√		https://github.com/cuilimeng/dEFEND-web
DIDAN	√		https://github.com/rxtan2/DIDAN/
Nguyenvo	√		https://github.com/nguyenvo09/EMNLP2020

续表

算法名	二元分类	多元分类	链接地址
虚假新闻检测			
GCAN	√		https://github.com/l852888/GCAN
SMAN		√	https://github.com/chunyuanY/FakeNewsDetection
IARNet		√	https://github.com/serryuer/IARNet
谣言检测			
GAN_Rumor	√		https://github.com/majingCUHK/Rumor_GAN
RumourEval2019_1		√	https://github.com/MFajcik/RumourEval2019
RvNN_Rumor		√	https://github.com/majingCUHK/Rumor_RvNN
RumourEval2019_2		√	https://github.com/seongjinpark-88/RumorEval2019
CLEARumor	√		https://github.com/Institute-Web-Science-and-Technologies/CLEARumor
Coupled_Hierarchical_Transformer		√	https://github.com/nguyenvo09/EMNLP2020
Uncertainty		√	https://github.com/kochkinaelena/Uncertainty4VerificationModels
VRoC		√	https://github.com/cmxxx/VRoC
GLAN		√	https://github.com/chunyuanY/RumorDetection
StA		√	https://github.com/serenaklm/rumor_detection
DeepSLRD		√	https://github.com/201518018629031/DeepSLRD
HGATRD		√	https://github.com/201518018629031/HGATRD
STS-NN		√	https://github.com/201518018629031/STS-NN
恶作剧检测			
BLC_HOAX	√		https://github.com/gabll/some-like-it-hoax
HOAXY	√		https://hoaxy.iuni.iu.edu/ http://botometer.iuni.iu.edu
意见垃圾邮件检测			
OSD	√		https://www.dropbox.com/sh/iqcuj0363zcj3go/AAAvbZVR_PSNyJX8AXUXpBqea?dl=0
不一致检测			
Incongruity	√		https://github.com/david-yoon/detecting-incongruity

续表

算法名	二元分类	多元分类	链接地址
真值检测			
CRH	√	√	https://cse.buffalo.edu/~jing/software.htm
SQUARE	√	√	http://ir.ischool.utexas.edu/square/index.html
CEKA	√	√	http://ceka.sourceforge.net/
DAFNA-EA	√	√	https://github.com/daqcri/DAFNA-EA